GDW興国論

幸福度世界一の国へ

［自民党政務調査会長］

下村博文

飛鳥新社

GDW興国論

幸福度世界一の国へ

GDW興国論　幸福度世界一の国へ　目次

プロローグ

支えられてきた我が人生

あまり一般の方々には知られていないようだが、私は交通遺児である。

九歳、小学生の時に、故郷の村の農協職員だった父を、不慮（ふりょ）の事故で亡くしている。

そんな私の半生を振り返ってみると、その時々に悲惨（ひさん）な目にあったり、困難な状況に突き当たってきた。それでも、将来に夢と希望を持って生きて来られたのは、いつか必ず、その夢や希望を実現させるという強い思いだけは失くさずにいられたからである。そうであったからこそ、私の今があると思っている。

高校進学や大学進学の際、その都度（つど）味わったのは「教育を受けたいのに、貧困や家庭の事情で進学もままならない」という悔しさだった。それでも自暴自棄（じぼうじき）にならなかったのは、女手ひとつで黙々と働いて、家計を背負っていた母親の姿を見ていたからだ。恩師が紹介してくれた奨学金との運命の出会いや、足りない学費は働いて自らまかなう懸命の努力をしながら、なんとか大学まで進むことができた。

私は二世、三世の議員ではないし、選挙地盤も東京都板橋区であり、生まれ育った群馬県高崎市ではない。困窮の中にあった小学生の時に政治家を志し、大学四年の時に小・中学生向けの塾を一人で立ち上げ、それこそ裸一貫、何もないところから身を起こして、志を遂げるために邁進してきた。

そして、地元支援者の皆さんに支えられ、東京都都議会議員を経て一九九六年の衆院選挙初当選以来、八期連続当選という栄誉と責任を与えていただいた。本当にありがたく、誇らしいことである。その間には党副幹事長、内閣官房副長官、衆議院法務委員長、文部科学大臣、党選挙対策委員長といったポストを経験し、多くの研鑽を積んできたつもりである。現在の菅政権下では党三役の一つである政調会長という名誉ある役をいただき、自然災害やコロナという未曽有の国家の危機のなか、各分野の政策を取りまとめている。

私は自分の経験を通し、私自身がそうであったように、「夢と希望」、そして確固たる「志」

があれば、どんな逆境においても、人生は必ず乗り越えていけることを確信しており、それをできるだけ多くの人に伝えていきたいと思っている。

このたび、そのために、私の政治家としての原点となる子供時代から学生時代のことを最初にお話しさせていただきたい。それを含めて、人間・下村博文の根幹にあるものは何か、また政治家としてこれからどのような具体的な信念・政策・ビジョンを持って国政に当たろうとしているかを本書でつぶさに知っていただき、困難な状況に立ち至っているこの国にあって、共に乗り越えていこう、共により価値のある人生を切り開いていこうと、一人でも多くの方々に思っていただければ幸いである。

政治への開眼

私が政治家への憧れを初めて自覚したのは、小学五年生の時。もちろん具体的なイメージはまだ曖昧なものではあったが、「政治家」という文字は憧れや尊敬の対象として容易には消えないイメージとなり、しっかりと胸の内に刻印された確かなものになっていた。

私が生まれたのは、群馬県群馬郡倉渕村（現・高崎市倉渕）という人口六〇〇〇人ほどの

プロローグ

山間の小さな村である。そんな辺鄙（へんぴ）な山の中で育った少年が、なぜそんな大それた夢を抱くようになったのか、その大きな夢の源泉にあるのは、決してキラキラした輝かしいものではない。そこにあるのは最愛の父の突然の死という、あまりにもつらく悲しい出来事である。

忘れもしない昭和三十八（一九六三）年十月九日の夜、父が交通事故で亡くなったのだ。その時、父は三十八歳、母は三十二歳、私はまだ九歳で、下の弟たちが五歳と一歳だった。当時、農協職員の父は酪農家（らくのうか）の育成に心血を注いでいた。あの運命の日、外は台風の接近で雨が降っていた。勤務を終えた父は「家畜を見てほしい」という村の人からの連絡で、雨の中オートバイで出かけて行った。その帰り道に事故は起きた。砂利道で父はオートバイのハンドルを取られ、道路脇の川へ転落してしまったのだ。即死だった。

午後八時過ぎに、自宅のダイヤル式黒電話がけたたましく鳴った。電話に出た母が、何かせきこんだ口調で話していた。そして乱暴に受話器を置くと、「父ちゃんがケガをした。病院に行ってくるからコタツに入っておとなしくしてなさい」と言って、一歳の弟を背負い出て行った。

事故と聞いて、ジワリと涙があふれてきたことをはっきり覚えている。まだ何も具体的な情報は入ってないのに、なぜか私は「お父ちゃんは死んだ」と悟っていたのだ。

大好きだった父が突然いなくなることへの恐怖と悲しみが、ない交ぜになって押し寄せてきた。あの時に感じた直観的な「父の死」だけは、今もって忘れることはできない。

暗転

それから家族の生活は一変した。まだ昭和三十年代、保険など入っておらず、それまで田舎の平均的な庶民の家庭だったのが父の死によって、途端に窮状に陥った母子家庭となった。

その頃の母は、真っ暗な日の出前から畑仕事をして、昼間はやっと見つけたパートの仕事に行き、夕方に戻ると、今度は暗くなるまで畑や田んぼに出かけて農作業をするという、まさに寝る間もない、働きづめの生活を続けていた。

そんな母を私もいっしょに手伝っていたが、小学校三年の頃の我が家は、文字どおり「どん底」だった。卵一個にしょうゆをかけて、それを兄弟三人で分けて、御飯に乗せていただくような生活をしていた。

父の墓を護る

とうとう私たち家族のあまりの困窮ぶりを見かねた近所の民生委員が「生活保護を受けたらいいじゃないか」と、母のところに勧めにやって来た。

その提案に、母は首を縦に振らなかった。

ある日、母が、

「大事な話がある。来なさい」

と、まだ小学校三年だった私を呼び、そしてまるで大人に話すようなあらたまった口調で、生活保護を受けるかどうかを私に相談したのである。母にとって九歳の長男は下村家の大事な総領息子であり、父に代わるたった一人の頼るべき存在だったのだろう。

母子で話し合った結果、とにかく自分たちで食べるくらいの田んぼや畑はあるからそれで自活していこう、病気で倒れてどうしてもダメになったら、生活保護を考えようと決めた。

「それまでは、博文はしっかり手伝ってくれるか」

と母に言われたので、私は母の片腕として農業を手伝うことにした。

その後、母は実家のある榛名町（はるなまち）（合併により高崎市に編入）に弟二人を連れて移り住んだが、私は近所の祖父母宅に一人残った。酪農の指導で村人に頼られていた尊敬できる父を、お墓に一人残していくことがいやだったからだ。

九歳の子供ながら、いっぱしに「父の墓を護（まも）るのは僕しかいない」と思っていた。

学校は楽しかったが、家に帰ると、寂しさがつのった。悲しかったのは、父の生前はにこやかに話してくれた村人が、手のひらを返すように冷たくなったことである。

今思えば、それも理解できる。酪農を指導してくれる下村さんの坊ちゃんだから挨拶も交わすが、死んでしまったら小学生の子供を相手にする暇はない。農家は忙しい。それに日本は高度成長期に入ったばかりで地方の農村はまだ貧しく、村人にも精神的余裕がなかったのだろう。それまで暮らしていた家に、父方の祖父母を呼び寄せて、いざ生活を始めてみると、自分の家にもかかわらず、祖父母に気を遣（つか）い、子供ながらに常に気疲れを重ねる毎日だった。

やはり九歳の子供、三カ月もたつと精神的に限界を感じるようになった。

母が私を迎えに来てくれたのは、ちょうどそんな時だった。

今でも忘れられないその母の姿と、「一緒に暮らそう」という一言。

私は、張り詰めていた気持ちが一気に緩み、感極まって号泣し、母と暮らすことを決めたのである。結局、母に泣きながら言われた「一緒に暮らそう、お前がいないと相談する相手がいない」という一言が、私を住み慣れた父の家を後にさせ、母の元へ行くことを決心させることになった。

無償の愛

実は私は、非常に厳しかった母に対して、以前は複雑な感情を抱いていた。必死に働き続ける気丈な母に、甘えることなどできない相談だった。褒められた記憶は、ほとんどない。もちろん、母に感謝の気持ちは持ってはいたが、それ以上に、厳しい母とはこれ以上もう一緒に生活したくないと思うほど、拒否反応も強くなっていた。

「九歳のとき、母は私を迎えに来てくれた」。時々、忘れかけた頃に、その出来事を、内省の中で思い出す。同様に、「十代の時は」、「二十代の時は」と、一つ一つの出来事を次々に振り返ると、あらためて気づくことがある。

母には「自分は死んでもいい、お前のためだったら何でもしてあげたい」という思いがあったこと、いなくなった父の代わりに私には厳しく接しようとしていたこと、そしてその厳しさの中に、見返りを求めない「無償の愛」があったことを。同時に、その愛に包まれ、守られて自分が存在していることにも気づくのである。

母と兄弟三人が、またいっしょに一つ屋根の下で暮らせるようになったことは、筆舌(ひつぜつ)に尽くせない嬉しさだった。転校先では「よそ者」ということでいじめられ、「母子家庭」ということでもいじめられた。

「おまえんち、父ちゃんがいないじゃないか」

と言いがかりをつけられるのだ。

悔しかったが、夜明け前から農作業、昼はパート、そして暗くなるまで再び田畑で働く母を見ると、弱音(よわね)を吐くことは出来なかった。

つらいことがたまると時々私は家を抜け出し、こっそり父の墓に行ったものだ。子供の足で歩いて一時間くらいだっただろうか。

まずお墓の前で父に「会いに来ました」と報告する。それから小さなスコップで穴を掘り、誰にも言えない自分の思いを書きつらねたノートの切れ端を、父の墓前に埋めた。

書いていたのは他愛もないことだったが、これは父への手紙であり、当時の私の「生きる術（すべ）」でもあった。

「これからも見守ってください」

「強く生きられるよう、あの世から励ましてほしい」

などとお願いしながら父と会話すると、お墓を後にした。

政治家になりたい

小学生の時、政治家になりたいと思った理由はいくつかある。

一つは、父が亡くなり私たちは世間の冷たさも味わったけれど、一方では温かい手を差し伸べてくれる人もいて、そんな人たちのおかげもあって何とか暮らしていくことができた。子供心に、

「大人になったら、そういう人たちに恩返しができる人間になろう。それが一番できる仕事が政治家だ」

と思ったのである。

二つ目は、私は本が好きで英雄伝や偉人伝をむさぼるように読んでいて、その影響を大きく受けたことである。

初めて母に本を買ってもらったのは、小学校四年の時だ。風邪をひいて、ひどい熱にうなされて、何日か学校を休んだことがある。

「何か欲しいものがあれば言ってごらん」

生活に余裕がなく甘えは一切許さなかった母も、こんな時だけは優しい言葉をかけてくれた。最初は断ったが、母の「言ってごらん」という何度目かの言葉に心が動き、私は本を買ってきて欲しいと頼んだ。家には学校の教科書以外、本らしい本は一冊もなかった。

母はその日の仕事の帰りに、なけなしの金をはたいて一冊の本を買ってきてくれた。もう題名は覚えていないが、それは十五人くらいの偉人や英雄たちの少年期を書いた物語だった。たしか、野口英世、二宮尊徳、豊臣秀吉、徳川家康、フランクリン、エジソンなどが載っていたと思う。

以来、その本は私の一番の宝物になった。それは私と本の最初の出会いであり、何度も何度も繰り返し読んでいる姿を見た母は、その後、折に触れて、ワシントン、リンカーン、シュバイツァーなどの偉人伝も買ってくれた。

五、六年生ともなると、私の読書熱はさらに加速した。何しろ群馬の山の中の学校である、文化的な匂いなど皆無と言っていい。その中で唯一、学校の図書室にだけは自分のイメージを自由に膨らますことのできる空間があった。伝記物が大好きで、図書室にあった偉人伝はほとんど読み尽くしたと思う。

土曜には必ず図書室で何冊か本を借り、天気が良いと自分で弁当を作り裏山に登った。浅間山や榛名山、赤城山が望める頂上の樹の下に座り、暗くなって字が見えなくなるまで一心不乱に本を読みふけった。貧しい生活のなかで苦労、苦学しながら這い上がった人物には、自分を当てはめて強く共感した。政治家になりたいという気持ちも、そんなところから生まれてきたのだろう。

そして三つ目の理由、これはまさに天啓のようなものだった。

五年生の授業で、どなたであったか文部大臣が書かれた文章を読む機会があった。読み終わった後、女性の教師から、

「ひろちゃんは、将来、文部大臣になるかもしれないね」

と言われたのである。先生は私を政治家に向いているともおっしゃった。

思わずハッとした。

何気ない一言で、おそらく先生はそんなことを言ったこと自体を忘れていると思う。実は私自身も忘れてしまっていた。ところが、「心の時限爆弾」とでもいえるのかもしれない。その言葉は、十年後、二十年後によみがえってきたのである。

まだその時は、政治家になることに現実感はなかった。どうしたらなれるか、皆目見当もつかなかった。その一言は私の「心の財産」となり、励みになったことは間違いない。実際に政治の道に進んでからも、その魔法の言葉は折に触れ、私の脳裏に浮かんでは消えていった。

アメリカの教育者、ウィリアム・ウォードが、こう言っている。

「凡庸な教師は指示をする。良い教師は、説明する。優れた教師は範となる。偉大な教師は、内なる炎に火をつける」と。

結果的に、小学生の眠っていた魂に、先生は火をつけ、インスピレーションを与えてくれたのである。

大きな試練の連続だった小学校時代が終わり中学校に入ると、私はもっぱらサッカーと農作業手伝いのアルバイトに明け暮れた。クラブ活動に没頭できたのは、小学校時代に比べ生活が多少楽になっていたからである。

奨学金との出会い

その頃になると、政治家になりたいという気持ちはより明確になっていた。ところが、私は人前で話すのが大の苦手だった。国語の授業中、立って教科書を読むだけでも声は上(うわ)ずり、顔は赤くなってしまう。極度の上がり症で、大勢の人の前で演説するなど、考えただけでもゾッとした。だから政治家志望のことも、友だちには言えなかった。

しかし、努力すれば自分を変えられるかもしれない。

「場慣れしなければ」と勇気をもって、年に一度の校内弁論大会に出場した。

初挑戦の一年生の時の結果は、惨(みじ)めなものだった。壇上(だんじょう)に立った瞬間、頭が真っ白になり、原稿を持つ手はガタガタ震え、言葉が出てこない。何を話したのかわからないまま、持ち時間は終了した。

落ち込んだが、赤面症(せきめんしょう)を治すチャンスだと自分に言い聞かせ、中二、中三と挑戦を続けた。そして三回目で、とうとう準優勝をつかんだのである。これで自信がついたのか、以来、赤面症も治ってしまった。

　義務教育は中学三年で終わる。我が家の経済事情を考えると、普通高校は無理だろうなと半ばあきらめていた。下に弟が二人おり、母は私が中学を卒業したら就職して、経済的なことも含めて助けてくれると期待していた。中三の夏には母から、

「これからまだお金がかかるから、昼間は働いて夜間の定時制高校へ進んでほしい」

　と言われた。

　しかし青天の霹靂、ここで思いもよらぬ情報が飛び込んできた。学校の先生が、交通遺児育英会（あしなが育英会の前身）の奨学金制度が発足することを教えてくれたのだ。どれほどうれしかったことか。

「奨学金があれば普通高校に行ける」

　母の許しを得て、私は急遽進路を変えて群馬県立高崎高校、通称タカタカを目指すことにした。タカタカは福田赳夫、中曽根康弘という二人の総理を輩出した県下有数の進学校だ。

　それから今までの遅れを取り戻すべく猛勉強を始め、何とかタカタカに合格した。そして晴れて、高校奨学生第一期生として奨学金の貸与を受けることができた。同時に、日本

育英会（現・独立行政法人日本学生支援機構）の特別奨学金の給付も受けることができたのである。

補足をすれば、私が高校を卒業した後は給付型ではなくなってしまったが、私が文部科学大臣の時に給付型の奨学金制度を復活するよう働きかけ、二〇二〇年四月から給付型が再スタートしている。

私は給付型の奨学金があったからこそ、苦しいなかでも安心して高校生活を送ることができた。このような仕組みを作っていくことが政治の仕事ではないかと、その時思ったものだ。

都の西北、早稲田の杜

大学受験は早稲田大学一本に絞った。

早稲田に行けば、政治家になれるという確信があったわけではない。その時は、政治家の登竜門である雄弁会の存在さえも知らなかったのだ。

もちろん、政治家になるためのノウハウなど何一つ知らず、伝手もなかった。その時に

あったのは、
「政治家になるなら、まず大学に行かねばならない。行くなら早稲田だ」
という思いだけだった。

これほど早稲田にこだわったのは、大隈重信侯の「学問の独立と活用」「東西文明の調和」という建学の精神に惹かれたこともある。個性的な政治家を多数輩出していることも魅力だった。さらに早稲田出身の作家、五木寛之や野坂昭如らに憧れていたことも大きな理由である。

大学に入る前、私は初めて社会の不条理というものを経験した。これも人生の糧となったので書いておく。

高校卒業後、早稲田受験のために東京で勉強したいと考えた。調べてみると、苦学生のみを対象とする二食付きで寮完備という、大手新聞の販売店が品川にあることがわかった。朝夕新聞を配達すればあとは勉強ができる。これはいいと、早速申し込んだ。

農作業で早起きしていたため、朝早い仕事もまったく苦にならず、早朝店に新聞の束が届くと率先して区分けをし、雨の日も風の日も真っ先に配達に出た。配達ミスもなく、販売店の主人から随分ほめてもらった。

当時、成績優秀な配達員には奨学生制度の一環でボーナスが出ていた。当然もらえるものと思っていたが、一向に支給されない。販売店の主人に聞くと成績考査で外されたと説明された。

どうにも納得がいかず、新聞社に直接問い合わせると、私の成績考査は上位であった。つまり、販売店の主人がボーナスを着服（ちゃくふく）していたのである。私は怒り、青年らしい正義感で主人を告発した。結果、その新聞店に居づらくなり、辞めるしかなくなった。

働いたのは半年間だったが、荷物をまとめて群馬に帰る際、ふと見ると店の門前に厄払（やくばら）いの塩が盛ってあった。はらわたが煮えくりかえる思いがし、この時ほど社会の不条理を強く感じたことはない。屈辱（くつじょく）と敗北の感情が込み上げてきた。

唯一の救いは、販売店の奨学生仲間が「来春大学で会おう」と見送ってくれたことである。彼らの励ましと怒りを胸に、私は「こんなことで負けてたまるか」と、がむしゃらに勉学に打ち込んだ。

アルバイトの日々

昭和四十九年（一九七四）に、私は早稲田大学教育学部に入学した。この時も交通遺児育英会の大学生奨学生となり、日本育英会の奨学金を受けて学費をまかなった。奨学金がなかったら、私立大学に行くことなど夢のまた夢であった。

上京すると、まずは下宿探しから始めた。貧乏学生が住みやすい場所はないかと不動産屋をまわり、板橋区赤塚の古びたアパートに入居した。板橋区は後に私の選挙区（東京十一区）となるところだ。その時は、将来まさかここから選挙に出るとは思いもしなかったが、不思議な縁である。

下宿の次はアルバイトだ。母からの仕送りは一切期待できない。生活費のすべてを自分の手で稼ぎ出すのだ。幸い、バイトなら何でもできる自信があった。肉体労働は小学生からやっていたし、受験直後なので頭脳労働もお手のものだった。家庭教師、市場のセリの手伝い、喫茶店のウェイターと二十種類はやったと思う。まだ世間を知らない学生が、世の中と人を知るにはバイトが一番だ。この時の社会経験は後々まで役に立った。

大学一年の夏休み、私は山中湖畔（山梨県）で開かれた「大学奨学生のつどい」に参加した。奨学生同士の研修と交流を兼ねた合宿だが、そこで初めて交通遺児育英会専務理事（現・あしなが育英会会長）の玉井義臣（たまいよしおみ）さんにお会いした。

我々奨学生にとって育英会は、資金援助により学業を続けさせてくれる、かけがえのない存在である。ただ、合宿での研修内容や玉井さんの話に強い違和感を覚えた。

「奨学生は貸与された奨学金を後で返済すればいいだけで、勉学に専念すればいいはずだ」

私はそう考えていた。

しかし玉井さんの考えは違った。奨学生を育成会の活動に参画させ、寄付金集めにも協力させようとしていた。街頭募金（がいとうぼきん）もやらなければならないということで、つどいの後、私は七、八人の仲間と抗議活動に出た。

「交通遺児育英会にもの申す」というタイトルで新聞を作り、全国の奨学生へ送った。玉井さんを公然と批判し、育英会の活動方針に異を唱えた。私たちは育英会の事務局に堂々と乗り込み、育英会所有の謄写版（とうしゃばん）や紙を使ってその場で新聞を作り、事務局にある切手や封筒を使って全国に郵送したのである。これには事務局の人も仰天した。

「正義は我々の側にある」という信念ゆえの行動だったが、今考えても相当図々（ずうずう）しい行為であったことは間違いない。

玉井さんはスケールの大きい寛大な人であった。私たちの反抗も「何でも認めてやれ」と黙認してくれた。玉井さんご自身、交通事故で母親を亡くされている。その悔しさと怒りの一念から交通評論家として身を立て、世論を喚起し財団法人交通遺児育英会を立ち上げた人物である。

恩返しの「街頭募金」

その後、玉井さんと徹夜で議論する機会を得た。

「交通遺児育英会は日本育英会と違って、あしながさん（継続的に寄付を続けてくれる人）の善意で成り立っているんだぞ。だから君たちは奨学金を借りることができた。本当は希望者全員に貸してあげたいんだがそれだけの財源がないから、限られた交通遺児にしか貸与できないんだ。もっと多くの遺児に貸与できるよう、君たち大学生も協力するのが役目であり責務でないか」

この玉井さんの言葉に私は反論できなかった。確かにそうなのだ。奨学金を借りるための試験会場には多くの学生が来ていたが、全員が奨学金を受けたわけではない。私は自己中心的だったと反省し、自分の恩返しの一環として街頭募金に立とうと決意した。

実際に街頭募金をやってみると、その辛(つら)さ、悲しさは耐えがたいものがあった。やってみた人でないと到底わからない世界だろう。

池袋や新宿の駅に二十人ぐらい立つわけだが、実際に奨学金をもらっている交通遺児は一つの駅に一名と決まっていた。あとはみんな学生ボランティアである。

「交通遺児に進学の夢を！　どうぞ募金をよろしくお願いします！」と道行く人に訴えるのだが、私自身は自分のことなのだ。自分がやっていることはまるで物乞(ものご)いと同じじゃないかと、交通遺児に進学の夢をというのも、街頭募金をしてもらわないと自分は大学にさえ行くことができないことをひしひしと感じ、ありがたい涙以上に辛い涙が流れたのである。

大学生活はいくらバイトでお金を稼(かせ)いでも足りなかった。とにかくお金がなく、贅沢(ぜいたく)はできなかった。高田馬場駅と大学キャンパスの往復も、バスを使わずなるべく歩いて通った。

早稲田通り界隈は古本屋が多い。そこで立ち読みに耽り、安い本を買うのが楽しみだった。

ある日、古本屋で直木賞候補にもなった作家の豊田行二が書いた「青春国会劇場」という本に巡り合った。〝早稲田大学が生んだ七人のサムライ〟、すなわち海部俊樹、西岡武夫、小渕恵三、藤波孝生、松永光、渡部恒三、森喜朗というきら星の如き政治家たちの青春を描いたノンフィクションである。このうち三人は総理大臣となり、一人は衆議院副議長、一人は参議院議長になった。

夢中で読み、全身が震えるほど感動した。

「これだ！　政治家になるのだ。俺の行く道はこれしかない」と思い、いよいよ動きだす時が来たと決意を強くした。

本を読み終えた後、自分の進むべき道がはっきりと見えてきた。二年生になると、私は迷わず雄弁会に入会した。政治家の命は言葉である。言葉の重みを雄弁会で学んだ。

雄弁会には幹事長という職責があり、年に二回、幹事長選挙を行う。いずれ政界をめざそうという学生は本物の選挙さながら、幹事長選にしのぎを削り、経験を積んでその日に備える。

私は三年生になって後期の幹事長選に立候補した。公約を掲げ、投票権を持つ会員の自宅や下宿先をまわって支持を訴えた。激戦の末、三十二票対二十七票と五票差で当選を果たした。

この選挙で学んだのは「謙虚であれ」ということだ。謙虚さがないと人は支持してくれない。有力な対抗馬がいるなかで、明確な支持を取り付けることの難しさを思い知ることになった。

都議会議員に立候補

これが私の少年時代から大学時代にかけての、おおよその履歴書である。

大学四年生になる春には、私は「博文学院」という自分の名前を付けた学習塾を開いた。開塾から六年目になると教室は四か所に及び、生徒数六百五十名余、職員数三十名になっていた。最終的に生徒数は二千名まで増えることとなる。

そして昭和六十年（一九八五）、三十一歳で私は初めて都議会議員に立候補し、念願の政治活動を開始したが、結果は落選だった。妻は過労で入院し、命も危ぶまれるほどになり、選挙にうつつを抜かす塾長に見切りをつけた社員の多くが去っていった。

選挙で敗れたことより人心が離れたことがショックだった。私は、「自分も周囲もうまくいかなければ人の上に立つ資格はない」と選挙の後、痛切に感じたのである。

後に国会議員となって使うようになった「人を幸せにする、それが政治だ」というキャッチフレーズは、この時の反省から生まれたものだ。

落選後、しばらくは塾の経営に専念しようと決めた。経営はまた軌道に乗り、上場も夢でなくなり、結婚九年目にして長男も授かり、徐々に私の気持ちは政治から遠ざかっていった。

次の都議選が近づいた頃、私は玉井さんに「塾が好調なので、出馬は四十代になってからにしたい」と伝えたが、強烈な説教をいただいてしまった。

「塾で金を儲けてチョビ髭をたくわえた中年男に、誰が投票するものか。お前は若いし、青雲の志があるから票を託すんじゃないか」

「お前は困窮の中から立ち上がって政治家を志したんだろう？　恩返ししたい、世の中を変えたいと、その志があるから、後輩の遺児たちも、渋々ながらみんなボランティアで応援に行くんだ。お前が金持ちや小金持ちになったら、いったい誰が応援に行くんだ。誰も行きやしない。そもそも選挙に出る大義（たいぎ）がない」

「父親を亡くして、苦労した原点はどこへ行った？　苦学したからこそ今があるのではないか？　その原点を忘れて何が塾の経営だ。カネがたまったら政治をやりますと、そういうものではないだろう」

玉井さんの説教は、延々三時間続き、私は「わかりました」とだけ返事して、その場を辞した。それから選挙までの三カ月間、玉井さんの指導のもと徹底したボランティアとカンパによる手作り選挙を展開し、平成元年（一九八九）ギリギリ当選ラインに滑り込んだ。

ここから私の政治家人生はスタートした。政界入りを果たし一、二年たった頃、「もう塾経営は潮時（しおどき）かな」と塾を他人に任せ、保有する株もすべて売却し、政治に専念することを決めたのである。

誰もがチャンスを

いまも思う。もしもあの時、あしなが育英会の発足が一年でも遅れていたら私はここにおらず、人生はまったく違ったものになっていたことだろう。

現在、あしなが育英会に所属する交通遺児は減っているが、代わりに増えているのが自死遺児である。さらに病気遺児、それから災害遺児も増えている。子供に罪があるわけではない。たまたま運悪く親が亡くなり、その時に「運が悪かったね」で、その後もずっと運が悪いというのではいけないし、政治は決して放置してはならないと思う。

やはり社会の中で弱い立場の人たちに光が届くような、誰でもチャンスと可能性を持って、自分も頑張ってみようと思える環境を作るのが政治であると、私はそのために政治家を志したのだ。

特にいま、コロナ禍で窮状に陥り、困っている人たち、社会的に弱い立場にいる人たちが、これ以上の辛い思いをしないよう、政治の結果責任が厳しく問われている。本書で詳述する政策やヴィジョンをもって必ず結果を出すことを、あらためて強く決意するものである。

第1章 コロナ時代をどう生きるか

コロナ時代の国家の舵取り

私は、二〇二〇年から続くコロナ禍の中、自由民主党・政務調査会長という役職を拝命し、さらに党の新型コロナウイルス対策本部長に就いている。未だかつて経験したことのないコロナ禍をいかにして乗り切っていくべきか、菅義偉政権が的確かつ迅速に政策立案を出来るように、党としても万全の体制で日夜バックアップしている。

幸いなことに、自公政権のコロナ対策は、その絶妙なハンドリングが功を奏して、感染者、死者数ともに、世界でもあまり類例のないほど抑制が利いている。焦眉の急だった医療崩壊の阻止も現状では及第点である。国民からは、様々な声をいただいていることは承知しているが、成果を収め、結果を出していることは、世界各国のコロナ事情を見てみるなら、一目瞭然である。

今現在、世界は、危機的状態にある。いわば「有事」なのである。

二〇二〇年春の緊急事態宣言が五月に解除され、その後は「Ｇｏ Ｔｏ トラベル」を含めた、経済とコロナ対策の両立を目指していく政府の方針が多くの支持を得て、社会は活気を維持し続けていた。年が改まってからは急速な感染者数の増加を見たが、これも諸外国に比べれば低く抑えられているものの、日本国内でも「変異種」が確認されるなど、刻一刻と状況は変化してきた。それに応じ、新たな事態に対処すべく、まずは感染症対策を優先的に進める方向へと適宜適切に舵を切って、「命」と「経済」の隘路を行くようにして、専門家の意見を聞きながら、手探りの状態で模索しながらの施策を積み重ねているのが現況である。その甲斐あって、感染者数は漸次減少の傾向にはある。

このような国難には、リーダー一人の力だけではいかんともしがたいものがある。トップの力だけでどうにかなるものではない。まさに総力戦、国民一人一人の自覚にかかっていると言って過言ではない。そして、国民の自覚が機能していればこそ、世界に類を見ない成果を上げているのである。

翻って、総力戦を戦っているさなかに、一部のメディアと野党の「揚げ足取り」には呆れている国民も多いはずである。

私たち政府・与党の責任ある政治家は、ポスト・コロナ時代をも見据えて、今後も「命」と「社会経済」の両立を図りながら、感染死者数を限りなくゼロに近づけるべく、政策論議に命を懸けたいと思う。「政治とは国民を幸せにする仕事」なのである。

ギリギリの判断

ここで、自民党政務調査会長として私が考える「コロナ禍にあるべき政策提言」を記しておきたい。

新型コロナウイルス対策において重要なのは、優先順位を誤らないことである。最も優先順位が高いのは、感染症の拡大防止（「医療崩壊」の回避）であり、国も自治体も、あるいは医療関係機関もそれに専念する必要がある。

感染拡大がこのまま収束するとは思えず、この先も緊急事態宣言を出さざるを得ない状況が生まれる可能性はある。ただし、日本では、緊急事態宣言を出したとしても、フランスなどのような強制力を伴う緊急事態宣言とは異なり、外出の自粛（じしゅく）というようなお願いベースにとどまる。

いずれにせよ、感染拡大防止に最大限力を入れるのが最優先事項である。

感染症の拡大防止に次いで優先順位が高いのは、雇用の維持である。特に経営が悪化している業種、業界に対する支援、雇用維持のための対策を、先手、先手に行う必要がある。

「後手に回っている」という批判もあるが、まず、バランスの問題がある。「全国一律に緊急事態宣言を発出すべきだ」というのは、国民の皆さんにも分かりやすく、すっきりと見えるかもしれないが、そうすることで経済が完全に止まってしまうという大変な問題がある。一度失われた経済活動を取り戻すことは容易でなく、経済的損失は国民の暮らしに深刻な影響を及ぼすことになる。

だからこそ、コロナ対策をしっかりする一方で、感染者が比較的少ない地域などでは、これまで通り経済活動を継続するといった、アクセルとブレーキを上手く踏み分けるギリギリのハンドリングを菅総理は行ってきた。もちろん相手はこれまで経験したことのない未知の感染症だから、どこでアクセル、ブレーキを踏むか、そのタイミングに多少のズレが生じてしまうのは致し方ない面がある。

徹底した感染症対策を重視する立場の方は、「経済活動を止めないから感染者が少なくならない」「なぜ政府はもっと強く止めないのか」と、政府の対応が後手、後手に回っている感じを受けるかもしれない。国民から見ても分かりにくい印象を与えるかもしれないが、菅総理は経済とのバランスを考えに考えて、ギリギリの判断の中で対策を行っているのである。

仮に全国一律に緊急事態宣言を出せば、それはそれで感染者が少ない地域からは「なぜ止める必要があるのだ」「経済をどうするのだ」といった批判が必ず起こるだろう。つまり、「これをやれば、百パーセント正解」という解答がないのである。

早急に働き方改革を

コロナウイルスによる倒産を出さないことはもちろん重要だが、かといって、すべての産業が現在と同じ形態を維持し続けられるわけではない。経済対策は講じるものの、産業構造の大きな転換は避けられないだろう。

将来的には、産業構造の激変を視野に入れ、適切なスピードで、企業の新陳代謝(しんちんたいしゃ)を促(うなが)していかなければならないと思う。そのためには、新たなビジネス・チャンスや新たな産業を作って行くことが必要だ。

すでに、今回のコロナウイルス対策をきっかけに、「Society 5.0」を推進し、リモート社会を構築する動きが出てきている。「Society 5.0」とは、AIやIoT、ロボット、ビッグデータなどの革新技術をあらゆる産業や社会に取り入れることにより実現する新たな未来社会の姿のことだ。

こうした動きを進めるためには、テレワーク（在宅勤務）を促す企業の設備投資を援助する必要がある。それと同時に、働き方改革の加速などを通じて、長時間労働を是正し、中長期的に労働生産性を引き上げていくことが課題となるだろう。

医療現場でも、コロナウイルス感染拡大を防ぐための「オンライン診療」が始まっている。教育現場でも、学校が休校になる中で、民間の教育機関などがオンライン授業を開始している。

従来の計画では、二〇二三年度までにすべての小中学校にタブレット、パソコンを提供することになっていた。今後は、タブレットやパソコンを活用して、一斉授業だけでなく、個々の子どもたちの意欲、能力に応じた授業を行う時代になっていくことだろう。

また、許認可、申請などのオンライン化も推進し、将来的にはインターネット選挙の実現も検討する。

今回のコロナウイルスをきっかけに、投票時の感染を避けるためにも、ネットで選挙をできるようにした方がいいという議論が加速するだろう。

二〇二一年四月二十六日には、衆議院の静岡四区の補欠選挙が行われた。しかし、コロナウイルスの影響で従来のような選挙活動はできない。これまでは、出陣式、集会、個人演説会などで、いかに多くの人を集めてお願いするかが重要だったが、今回は一切の人集めができない。人集めをせずに、同時に投票率を下げないような、従来とは全く異なる新たな選挙戦略・戦術を構築したのである。

一方、コロナウイルスを契機にして、自動車などのサプライチェーンや、マスクなどの医療用品の中国依存の問題が顕在化した。特定の国への過度な依存を減らして、リスク分散を推進することが必要であり、製造業の国内への呼び戻しが急がれる。

同時に、特定国への依存を避けるために、複数の国にまたがった体制を創って行こうとする企業に対して、国がどのように戦略的に支援していくか、併せて考える必要がある。

パンデミックと社会変革

主に十四世紀にヨーロッパで流行したペストは、当時のヨーロッパの人口の四分の一から三分の一が失われるほどの猛威を振るった。その結果、大きな社会変革をもたらしてもいる。

ペストの影響による社会変革として挙げられるのが、第一に労働力の急激な減少と、それに伴う賃金の上昇だ。農民は流動的になり、土地に縛られた農奴に依存した荘園制の崩壊が加速されることになった。

第二に、教会の権威が失墜した。信仰の力によってペストの脅威を防げるという教えが否定され、教会そのものの権威が失墜したのである。

第三に、人材の不足だ。それによって、従来は登用されることのなかった人材の起用をもたらし、結果的に、封建的身分制度が解体へと向かった。

ペストによる社会構造、産業構造、人々の価値観の大きな変化は、同時に新しい価値観の創造へとつながっていった。半世紀にわたるペスト流行の後、ヨーロッパは、ある意味で静謐で平和な時間を迎えたという。それが内面的な施策を深めたと指摘する歴史家もいる。

そうした中で、ヨーロッパはイタリアを中心にルネッサンスを迎え、文化的な復興を遂げる。ペスト以前と以降を比較すると、ヨーロッパ社会は全く異なっている。ペストによって変貌した社会は、強力な主権国家を形成する。中世は終焉を迎え、近代の幕が開ける。

これがペスト後のヨーロッパ社会の歩みであった。

今回のコロナウイルスが、ペストほどの劇的な変化をもたらすかどうかは分からないが、経済構造や人々の意識に何らかの変革をもたらすことは確かだろう。

二〇二一年三月現在、世界で一億二千万人以上が、コロナウイルスに感染している。ワクチン接種も始まっているが、治療薬の開発には一年程度はかかると予想されている。

一年がたった段階で、世界中でどの程度の感染者が出ているかは予想できない。いずれにせよ、ペストまでとはいかなくても、大きな社会の構造変化につながっていくという前提で物事を考えていく必要はあるだろう。

コロナ禍と貧困問題

コロナ禍にあるからこそ、そしてグローバル時代だからこそ、政治は、弱い立場の人々のことを考える必要がある。

このところ、連日のように報道される子どもの虐待と貧困の問題。コロナ禍で雇い止めにあった女性の自殺も増えている。新聞の紙面には、倒産、廃業、リストラの字が躍る。

中小企業だけが苦しいのではない。大企業にも忍び寄る不況の影は濃くなっている。

子どもの貧困と社会の仕組みには特段の心配りが必要である。年々増加する虐待や子育て放棄の現実は、早急に対策を講じなければ、子どもの生命に関わる問題となる。子どもを虐待する多くの親は、子ども時代に親から虐待を受けたことがある。つまり、年々増加する負の連鎖を断ち切らない限り、虐待は増える一方なのである。

また、最近では「子どもの貧困率」も高くなってきている。二〇一八年時点の子どもの貧困率は一三・五パーセントで、七人に一人が貧困状態にある。

ひとり親家庭の貧困問題はさらに深刻である。子どもの貧困率は、四八・一パーセントにもなる。子どもの貧困の問題は、国が先頭に立って方策を講じていく必要がある。以下の四点を政策として進めていきたいと考えている。

①　男女差別のない働き方によって世帯収入を底上げする。
②　非正規雇用であっても正規雇用と同水準の収入が得られるように職場改善を促す。
③　養育費について父親にも厳格な責任を取らせる。
④　第一義的には親が子どもの養育をする義務を負うが、社会にとっても宝であるとい

う認識で、社会全体で子どもを育てていく。

人生は六十歳で終わらない

社会的な弱者という概念にも急速な変化の波が押し寄せてきている。

「まさか、自分が？」という定年後の貧困問題がそれである。六十歳を迎えて定年退職しても、原則として六十五歳までは年金は受け取れない。定年後六十五歳までは嘱託社員として再雇用契約を結ぶことが可能な会社も増えてはいるが、まだまだ一部だし、年俸は半分以下に大幅カットされるのがほとんどである。一部上場の大企業でも同じ職掌に留まれる人は、ごく一握りだ。大手家電メーカーで部長まで務めた年収一千万円以上の人物が、銀行に出向を命じられて案内係として雇用された場合、年俸は一挙に二百万円に落ち込んでしまったケースもあるという。こうした状況に置かれて、家族がギクシャクする例は多いという。特にコロナ禍では、加速度的に定年後の貧困化が待ち受けている。

内館牧子さんの小説に『終わった人』（講談社）という作品がある。映画化もされたのでご覧になった方も多いと思う。

主人公は、いわゆる東大卒のエリートで、大手銀行に就職し、結婚し、娘にも恵まれる。他所から見れば順風満帆（じゅんぷうまんぱん）の人生だが、定年を機に人生は暗転する。特にすることもない日々を送っていたところ、請われてベンチャー企業の社長になったものの、結果的に失敗して破産、多大な借金を抱えて家族にも見放されてしまうというストーリーである。

考えさせられる秀逸な小説なので、まだ読まれていない方は、機会があればぜひ読んでいただきたいと思う。

私は、これを読んで、人生の残酷さに暗然として、この世の欲得とか名誉の儚（はかな）さに溜息（ためいき）をついた。これからは、六十歳が定年で、その後は「終わった人」になるような時代ではないと思っている。働いている期間が人生で、その後の人生はあってもなくてもいいということにはならない。

「人生百年時代」とよく言われるが、我が国でも二〇一七年当時、安倍総理を議長とする「人生百年時代構想会議」が開催されている。この会議の報告書にもあるように、これまでは人生を「教育・仕事・老後」という三つのステージに分け、「定年」を一つの区切りにして、それ以後の人生を「老後」とみなすのが一般的な考え方だった。

しかし、このような考え方は過去のものになろうとしている。実際に六〇歳以降に新たな仕事を始めた人や社会貢献活動に精力的に取り組んでいる人も多い。今後は定年後の方が輝く人が出てくる可能性がある。

「内閣官房人生百年時代構想推進室」が作成した資料によると、二〇一六年の六十五歳から六十九歳の就業率は、日本では男性五二・九パーセント、女性三三・四パーセントとなっている。これに対してフランスでは男性八・〇パーセント、女性四・九パーセント。

日本は世界的に高齢化率が高いこともあり、労働力の確保という意味でも、高齢者の就業率が高くなってきている傾向がある。しかし、それよりも問題なのは、「働きたくないが、働かないと生活が成り立たない」という理由で働いている人の割合が多いことなのだ。ここにも高齢者が「社会的弱者」になっている傾向が見て取れる。

これは、「社会とのつながりは保ちたい」「自分の能力を活かして社会貢献をしたい」などのポジティブな動機とは異なり、社会不安につながる問題だといえる。実際、「お金を得るために働く」という割合が、日本では全就業者で見ても五〇パーセントを超えている。

マルクスなら「無産者階級」といったであろうが、シンギュラリティの時代には「無用者階級」が誕生し、「働かなくてもいい層」を形成するとき、人生における「幸福」というものを日本人は自らに問い直す必要に迫られるだろう。

そして、それは三十代、四十代の若い世代にとっては、もっと深刻な問題となるはずだ。

私は、「六〇歳は老後ではない」と書いたが、三十歳、四十歳で老後のような生活を余儀なくされる時代がすぐそこに来ているかもしれないのだ。

これまでの格差社会という問題は、世代間の格差、都市と地方の格差として捉えられ、語られてきた。しかし、テクノロジーの指数関数的な成長によりもたらされる「想像を絶する未来」の到来によって、異次元の格差社会に取って代わられる可能性がある。テクノロジーを総べる一部の人間と、テクノロジーに管理される多数の人々に区分けされるかもしれないのだ。長引くコロナ禍によって、そのスピードには拍車がかかっているようでもある。

繰り返すが、その時、若い人が希望を持てる社会をどうやって作るのか。変革を迫られる日本で、そのとき私たち政治家は何ができるのか、国家の舵取りは困難を極めるかもしれない。

「生きがい」や「幸せ」が感じられる国創りを、国家百年の計で考えてゆくのが政治家の仕事ではないか。私は、国民の誰もが「幸福」を感じられるような日本を創って行きたいと念じている。

第2章

ポスト・コロナの日本と政治

「経済」から「幸福度」へ

ウェルビーイングという言葉をご存じだろうか。生活の質やクオリティー、活力をもって健康に人生を過ごしているかなども含め、その国の「幸福度」を示すものである。過去にこの幸福度は、イギリスにおいてはブレグジット投票の前に下落し、エジプトではアラブの春の前に下落している。つまり、幸福度はその国の政治経済と深く結びついているといってよいだろう。

国連は毎年ウェルビーイング調査を行っているが、日本は「世界幸福度ランキング」（二〇一九年）で、世界百五十六ヶ国中、五十八位だ。前回の五十四位からさらに順位を下げている。いくら停滞しているとはいえ、それでも日本は世界第三位の経済大国であるにもかかわらず、幸福度は低い。

現在、国連やOECDはウェルビーイングの指標づくりに取り組んでいる。さらにニュージーランドでは二〇一九年から具体的に「幸福予算」という名で、ウェルビーイング重視の予算編成を行っている。いま世界では、「経済」から「幸福度」重視へと潮流が変わりつつあるようだ。

日本もこれまでの「たくさんお金を稼いで、たくさん物を買うのが幸せ」という物質社会はもう過去のもので、あらためて、健康や安らぎといった個々の人生百年を考える時期に入っているのではないだろうか。時代は次の段階へ、ＧＤＰから国民一人ひとりのＧＤＷ（Ｗ＝ウェルビーイング）へ。

先日の衆議院予算委員会において、私は菅総理に質問させていただいた。

「コロナ禍にありまして、国民の視点で幸福感を高める政策をどう実現するかが重要になっています。我が国においても、本格的にウェルビーイング重視の政策形成に舵（かじ）を取るべきではないでしょうか」

菅総理は、こうお答えになった。

「ＧＤＰのような経済統計だけでなく、社会の豊かさや人々の生活の質、満足度、これに注目していくことは極めて有意義なことだと思います。その上で、菅政権として一人ひとりが力を最大限に発揮し、互いに助け合う、安心と希望に満ちた社会をつくることを目指しております。これは、まさにウェルビーイングの実現と考え方の方向性としては同じものだと思います……」

すでに、いくつかの自治体では独自にウェルビーイング、充実度、幸福度を高めるための指標づくりを進めているところもある。政調会長になってから、党内のＰＴ（プロジェクトチーム）だったのを正式に「日本ウェルビーイング特命委員会」へ格上げした。一人ひとりが幸せになる社会の実現こそが、私の政治家人生をとおしての信条である。

時代は「教育」から「啓育」へ

いまは人生百年時代である。この国に生まれて、ふと自分の人生を振り返ったとき、「幸せだったな、日本に生まれてよかったな」と、果たして思えるだろうか。いや、誰もが幸せだったと思ってもらいたい。そう思ってもらうために政治がある。

今年で東日本大震災から十年がたつ。月日の流れるのは本当に早く、毎年、三月十一日が近づくと、テレビや新聞で当時の映像や特番を見るにつけ、様々な思いが胸をよぎる。あの当時は民主党政権であった。震災後、なかなか進まない復興・復旧の法整備を横目に、何もできない野党という身にあれほどはがゆい思いをしたことはない。「これは天災でなく人災だ！」と激しく憤りながら、「しっかりしろ！　下村博文！　しっかりしろ！　国会議員」という声が、いつも頭の中に響いていたことを思い出す。

明治になって近代国家としてスタートしてから、この国はひたすら経済成長を追い求めてきた。昭和の高度成長、バブルを経て、永遠に続くと思っていたものが崩壊し、それから三十年に及ぶデフレで、日本は長いこと閉塞感に包まれている。そこに近年自然災害が多発し、いま、世界中がかつて経験したことのない、感染症のパンデミックという未曽有の危機と対峙している。「命と暮らしを守る」というまさに、本当の意味で政治の役割が問われているといえるだろう。

しかし、悲観的になっているだけでは何も始まらない。「そんなこと、まだ考えられない」といわれるかもしれないが、我々はこのコロナ禍のなか、思い切って頭を切り替えて、ピンチをチャンスに変えなければならないのである。

「災い転じて……」の言葉どおり、災いであったものを逆に福にしていくためには、目先のことだけでなく、もっと広い視野とヴィジョンをもって、コロナ後の社会を考えていく必要があると思う。そういう意味でも、先に述べたウェルビーイングを、コロナ後の未来を描く、大きな物差しにしていくことが私の考えである。

個人の幸せを我慢するのでなく、自ら追求するという発想の転換。この考えは、これからの教育にも通じてくるだろう。

一昨年『日本の未来を創る「啓育立国」』（アチーブメント出版）という本を上梓した。「啓育」とは聞き慣れない言葉だが、日本に教育という言葉が導入されたのは、明治になってからである。英語のエデュケーションをどう訳すかというなかで、初代の森有礼文部大臣が、教え育てるという「教育」をその訳語に当てたが、福沢諭吉は「啓発」と訳したほうがいいと主張し、森との間でちょっとした論争があったようである。

エデュケーションという言葉は、「外へ導く」を意味するラテン語が語源である。もともと「自分の内部の意欲、やる気、志」などを引き出すという意味をさしている。つまり、エデュケーションの本当の意味は「啓育」というもので、反対に「教育」の本来の意味は、すでにあるものを教え、育てることであり、エデュケーションではなくどちらかといえば、ティーチングの訳語に近いと思われる。

森有礼は、西洋に追いつき追い越すことが当時の日本にとって必要だと考え、教育という訳語を当てた。知識を西洋から学び、富国強兵、殖産興業を推し進めることが重要だと考えた末のことであろう。そのために、インプット教育が最優先される結果となったのである。司馬遼太郎のいう「坂の上の雲」だが、高みに目標があり、みんなが同じ考えでそれに向かって進んでいくという時代には、とても有効に作用したと思う。しかし、それから百五十年が経ち、時代はまた大きな転換期を迎えている。

「啓育」という言葉は、元東京工業大学学長の川上正光（かわかみまさみつ）先生が一九七八年に著（あらわ）した『独創の精神』（共立出版）という本の中で、エデュケーションに対する真の訳語として提唱されたものである。先生は、もともと秘めている才を引き出すという意味から、啓発教育を略して、「啓育」としてはどうかと提案した。私はこの川上先生の提唱をヒントとして、「啓育立国」（心をひらく）という言葉を掲げている。

インプット型の「教育」では、教師が一方的に生徒に教え、生徒は教えられたことを暗記・記憶することがベースになっている。それによって、これまでの学校教育で優秀とされた生徒は暗記・記憶力が優れた生徒、偏差値が高い生徒であった。

学校だけでなく、企業も含め、日本社会全体の構造も「教育」がベースとして構築されている。企業に必要とされてきた人材は、言われたことをそつなくこなす人であり、企業の歯車、パーツとしてきちんと役割を果たす人だった。これらは、日本が進めてきたインプット教育による成果であり、そのため大人になっても自らの人生に対し主張もせず、受け身となってしまう傾向が養われたのではないだろうか。つまり、「言われたことしかできない」ことが、これまでの「教育」によって作り出されてきたといえるだろう。

しかし、コロナ後の時代に必要なのは、アウトプットの「啓き育てる」という考え方だ。これからの学校教育で優秀とされるのは、自ら学び、主体性を持つ生徒でなくてはならない。そして、企業に必要とされる人材も、自ら考え、自ら判断し、自ら行動する人材であるべきだろう。様々な想定外の局面に立たされたとき、主体的な考えと意思で行動できる人材を育てていかなければならない。

これからの社会では、「言われたこと以上のことができる」ことが、いっそう求められると思う。そのためにも、各自が持つ優れた能力を、「啓育」によって引き出していくことが重要になってくる。あえて厳しいことをいえば、言われたことしかできない人間は、企業の中ではお荷物になってくる時代が訪れつつあるのではないだろうか。

艱難辛苦は宝

物事をインプットで考える人は受け身なので、逆境に立ったとき、「自分はもうダメなんだ」とあきらめてしまうことが多い。あるいは、辛いことや困難があると心が折れてしまい、這い上がれなくなってしまう。意識に次から次へとマイナス要素をインプットして自らを縛ってしまい、身動きが取れなくなる。だから、インプットするのをすっぱり止めて、「困難や苦労が、自分を成長させてくれる」と、思い切って頭を切り替えてみてはどうだろう。

「ピンチはチャンスを作る」という発想になれば、艱難辛苦はその人にとっての宝になってくる。そう考えられれば、気持ちは晴れやかになり、放っておいても身体はどんどん前に進んでいくものだ。

戦国時代の武将・山中鹿之助は三日月に向かい、「願わくば、我に七難八苦を与え給え」と祈ったという話は有名だが、「自ら艱難辛苦に飛び込め」などと、乱暴なことは言うつもりはない。誰しも、平穏無事に人生を過ごしたいと思うし、本来、それが理想だからである。しかし、時代が劇的に変化しているいま、人生にはまったく想定外のことが起きる。

私も九歳のときに突然の事故で父を亡くし、生活は困窮を極めた。母の苦労は並大抵ではなく、私自身も転校していじめられ、早朝から農作業を手伝い、二人の弟たちの面倒を見て、父の変わりとなって母の相談相手を務めたものである。

あのとき、自暴自棄となり、「もう自分はダメだ」とあきらめてしまっていたら、そこで私の人生はストップしてしまったことだろう。あの体験を乗り越えたからこそ、今があると思っている。そして、「艱難辛苦は自分の気持ちの持ち方次第で、必ず乗り越えられる」と、自身の体験をとおして確信しているのだ。

元メジャーリーガーのイチロー選手が、小学六年生のときに書いた「僕の夢」という作文がある。企業研修や自己啓発セミナーなどでよく教材として使われるので、すでに読んだ人もいるかもしれないが一部、ご紹介しよう。

「僕の夢」

僕の夢は一流のプロ野球選手になることです。そのためには中学、高校と全国大会に出て活躍しなければなりません。活躍できるようになるためには練習が必要です。ぼくはその練習には自信があります。ぼくは三歳の時から練習を始めています。三歳から七歳までは半年位やっていましたが、三年生の時から今までは三百六十五日中三百六十日は激しい練習をやっています。だから、一週間中で友達と遊べる時間は五、六時間です。そんなに練習をやっているのだから、必ずプロ野球の選手になれると思います。そして、その球団は中日ドラゴンズか、西部ライオンズです。ドラフト入団で、

けいやく金は一億円以上が目標です。……（以下、省略）

イチロー選手はすでに十二歳の時点で、ヴィジョンを明確にしていたことよくわかる。目標を設定し、そこに向かうために、いま自分は何をするべきか、幼いながらも理解していたことが、作文から読み取れる。作文の文脈からは、やるべきことを一つ一つこなしていけば、必ず目標に近づいていくという揺るぎのない確信が伝わってくる。そこには、一点の迷いも感じられない。そして、イチロー選手は作文に書いたことをすべて実現させていくのである。

このように、同じ現象に遭遇（そうぐう）しても、意識のあり方次第で対応は百八十度変わってくる。自分の周囲に、情報やチャンスが溢（あふ）れているかもしれないのに、「もうだめだ」と心を閉ざし、マイナス要素で頭をいっぱいにしていると、せっかくの情報やチャンスが入らなくなってしまう。だからこそ、スイッチを「ON」に切り替えることが必要になってくる。それをするのは、自分しかいない。

チャンスをつかみ取るうえでどうすべきか、一つの具体的なお話をさせて頂くことにしたい。

政府は今度、事業再構築補助金を出すことにしている。コロナ禍において、このままだと事業が継続できなくなる会社をバックアップしようというものだ。金額は最大、一億円である。

たとえば飲食関係など、コロナが収束したとしても、前と同じようにお客さんが戻らないかもしれない。その場合、コロナを機に、以前とは業態を変えて事業を再構築するための補助金である。宅配やテイクアウトを始めるなど、知恵を出して、今までとは少し業態を変えながら、新しい形を創造していこうという、クリエイティブな会社を応援していくのが目的となる。

置かれた状況にただ右往左往するのでなく、まさに啓育的な考えで発想の転換をすれば、何か新しい世界が見えてくるかもしれない。

新たな価値の創造

未来学者のレイ・カーツワイルが二〇〇五年に予測した「シンギュラリティ（特異点）」

の問題が注目されている。二〇四五年には、人工知能（ＡＩ）が人類の頭脳を上まわる時代が到来することで、「一億総失業時代になるのでは」と懸念されている。「働いて社会に貢献して、喜びを分かち合う」といった場所やステージを失うと、生きている意味を実感できなくなる人がたくさん出てくるだろう。若い人たちはもちろんだが、まだまだ現役で十分に働ける高齢者もさらに増えるわけだから、その受け皿をどう用意するかが大きな問題となっている。

それらの問題を打破する鍵が、ここでのテーマである「ウェルビーイング」にあると、私は考えている。

労働の価値を絶対的なＧＤＰの物差しでなく、ウェルビーイングという「その人自身が幸福に感じるかどうか」という視点から考えてみよう。そのうえで、労働をＡＩやロボットと分担してみる。ウェルビーイング的にいえば、工場の製造ラインのような毎日同じ作業に従事する類の仕事は、ＡＩやロボットにお任せしてよいと思う。その代わり、人が楽しく活力をもって取り組める、企画力や創造力を伴うクリエイティブな仕事を請け負うべきだろう。

その他、人が担う分野としては、マネジメントスキルがある。これは、決して会社組織の社長について述べているわけではない。ここでは、もっと小さなコミュニティ、つまり、人間関係のことを意味している。人が三〜四人集まって議論をした際、心の微妙な機微を読みながら協力関係を築き、コミュニティをコーディネートするのは、まだまだ人の能力が優れている。

さらに、ホスピタリティ。これは経済的な生産性を測れないため論外とされがちである。しかし、思いやりとか、優しさとか、慈しみというのは、ロボットではまだ対応できない分野であろう。「おもてなし」などもそうである。たしかにロボットでもお茶は出せるかもしれないが、にっこりとした笑顔で、お客様に応じて適切な言葉をかけるようなことは、やはり人間にしかできない所作である。

シンギュラリティの時代においては、生産性や効率性だけが求められた時代の労働の概念とは別の概念をつくり出すことが必要だと思う。

「モーレツ社員」とか、「二十四時間戦えますか」などとキャッチコピーされた時代は過去のことで、決められた時間内、ずっと会社にいるような労働の仕方は変わるだろう。すでに、今回のコロナで、そういった流れは始まっている。会社に行くことが仕事であるという考えは消え、労働は時間から質の時代になってくる。そして、当事者が幸福を感じているかが、最も重要になってくると思う。

だからこそ、これからはたとえ組織に所属したとしても、一人一人の自立した主体的精神と、創造力や企画力が大事になってくる。そんな大それたことをやらなくてもいい。社会や組織のなかで、小さくてもいいから、自分自身が楽しみながら、存分に能力を発揮できる場所を自ら創造していくことが大切だ。

心を自由にして周囲を見わたせば、副業だったり、ソーシャルビジネスだったり、様々な機会とチャンスは溢れている。ただ口を開けて、待っているだけでは何も生まれてこない。ユートピアにするかディストピアにするかは、自分次第である。

ワカサギ釣りは楽しい

「不快だな、嫌だな」と感じることを、「やらされている」と思うと、人は決して幸せを感じない。けれど、自分がやりたいこと、好きなことだったら、それはどんな大変なことでも困難とは思わない。

たとえば、私の故郷にある群馬県の榛名湖はワカサギ釣りのメッカである。冬の寒い日、厚い氷の張った湖の上で、寒いのが大嫌いな人がワカサギ釣りを強制されたら、どれほど辛いことだろう。一刻も早く帰りたいと思うにちがいない。でも、ワカサギ釣りが趣味だという人にとって冬は待ち遠しく、氷の上で何時間でも釣り糸を垂れていられる。同じ現象でも、「やらされている」という感覚があると不平不満しか出てこないが、好きなことをすすんでやる限りは楽しいし、まず不満を感じることはない。

　現象的には同じであっても、本人がやりたいことだったら幸福度が増してくる。勉強も然りであろう。「やらされている」と感じる限り、それは苦痛でしかない。受験に合格するためだけの勉強だったら、これほどつまらないものはない。でも、本人が、「この科目が面白い」「将来こうなりたいから、この勉強がしたい」という考えになれば、自らすすんで学ぼうとするだろう。好きなことに取り組むことは自己実現にもつながるし、可能性を追いかけることになる。同じ現象であっても、ウェルビーイング的な発想で考えたら、その人の能力をもっと伸ばすことにつながっていくのではないだろうか。

　これに付随する話として、以前、岡山県高梁市で講演を行ったとき、市長から地域の学校について、たいへん興味深い話をお聞きした。そこの小学校の成績は岡山県で下位だったが、中学校は県内で一番になったという。その最大の理由について、市長は「立志式にある」と話された。十四歳の子どもたちに、それぞれの「志」を立てさせたのだという。志は人によってちがうけれど、それによって、「なぜ勉強するのか」という動機付けを行った結果、成績が伸びて県内で一番になったそうである。

食品会社の研究部門で働く知人の女性は、自分の将来の仕事を十五歳の時に定めたという。きっかけは、故・大林宣彦監督による『時をかける少女』を観たことだった。映画の冒頭で、原田知世さん演じる高校生の少女が、様々な実験器具の置かれた理科室に登場するシーンがある。その理科室のビーカーやフラスコに、なぜかわからないが心ときめき、「自分は絶対に、実験室で働く研究者になる」と心に決めたのだそうだ。それからいっしょうけんめい、理系の科目を勉強するようになったという。

このように、勉強というのを「やらされる」のではなく、「やりたい」と思うように動機付けをする必要を考えることは、教育のなかで最も重要なことだと思う。まずは、何のために勉強するのかを、子どもの内発的な動機付けによって、意味を持たせることが大切である。短期的に子どもをモチベートし、成績を上げている塾や予備校、学校はあるだろう。しかし、一時的ではなく、長期的に継続するモチベーションをつくるものが、志や目的なのだと思う。

十四歳で定まる志というのは、当然、完全なものではないだろう。でも、どんな形であれ、本質的なやる気を引き出し、人生の質を高めるためには必要なのである。

効率性が全てなのか

ＧＤＰ至上主義だった経済も、コロナによって待ったなしの変革が求められている。多くの問題が露呈したが、アベノマスクもその一例だろう。さんざん批判されはしたが、あれも経済の効率性を優先した新自由主義の弊害である。

あの時期、コロナによって、日本の市場からマスクが消えてしまった。薬局やスーパーの棚は空っぽで入荷の見込みもなく、入荷する朝には、開店前に百人の行列ができるという異常な事態が、各地で繰り広げられた。そのため、政府主導でマスクを配ったわけだが、そうなった理由も、グローバル経済のなかで効率性を求めたがゆえの結果であろう。生産をすべて中国にシフトしてしまったことで輸入がストップし、それで足りなくなったわけだ。

同じようなことが、今後は食料でも起きる可能性がある。効率よく、安く、品質に特に問題ないものとなれば、輸入したほうがよい場合は多い。しかし、今回のような不測の事態が起きたとき、食料自給率が三〇パーセント台の日本で、もし、輸入を止められたらどうなるのか。

それを考えると、日本国内における農産業をどう育てていくかを含め、これまでの効率重視の考え方を見直し、「一人一人が幸せに感じるための産業の在り方」へと、経済をシフトしていくことを視野に入れなければならないだろう。

農業だったら「幸福」というキーワードを基準として、食物を生産する農家の人と、それを食べる人と、農薬の複合汚染の問題なども含めて、お互いにとってどんな状態が一番幸せなのかを考えるということだ。

アメリカで有名になった、マクロビオティックという食事療法がある。もともと、これは日本古来の食事療法である。創業者の久司道夫さんは、ずっとボストンに住んでいたが、こんな話をされていた。

「日本のカボチャの種をもっていって、アメリカで栽培してカボチャ料理を作っているけれど、四年ぐらいたつと、まずくて食べられなくなります。なぜかなと思ったら、土壌のエネルギーが関係しているらしい。アメリカには肥料はたくさんあるけれど、実は肥料以上に植物の成長に大切なのが、土壌のもつエネルギーです。アメリカの土地よりも、日本の土地のほうがエネルギーに溢れています。だからカボチャも、日本の土で作るカボチャのほうが特別肥料を与えなくてもおいしいんです」

久司さんは、自らの体験をとおして実感したという。

これまでの農業は大量消費、大量生産の時代に応えるため、「見た目の良いものを、できる限り効率よくたくさん収穫する」との価値観のもと、化学肥料や農薬を大量に使用してきた。これが土壌にとって、地球環境にとって、それを使う側と食べる側である人間にとって、果たしてどう作用してきたのかを、きちんと考える必要がある。

誰もが健康で、幸せに感じるためのあるべき農業の姿とは何なのか、というウェルビーイング的視点から考えると、効率性だけを求めてきたこれまでの手法とはちがったものが、自ずと見えてくるのではないだろうか。

自らの成功が人々の幸福につながる生き方

私は、若い頃にアメリカ型成功哲学を実践し、それ相応の成果を得たものである（この哲学については第4章で詳しく述べたい）。

アメリカ型の成功哲学に限らず、自らの自己実現を成し遂げる広義の成功哲学に共通して言えるのは、「利己的な自己実現をめざしている」ことだ。それは、まず、自分の成功を優先するという概念である。しかし、ここにはひとつ、とても大切なものが不足している。実は、利己的な自己実現では、達成感や充実感は得ることができないということだ。

なぜ、達成感を味わえないか、それを説明するために、豊臣秀吉の例を見てみる。周知のとおり、秀吉はまったくの平民から天下統一を成し遂げた人物である。地位も名誉も、栄華というものは全て手にいれた立身出世の象徴的人物といってよい。しかし、秀吉はその生涯を閉じるとき、自らの辞世の句をこう詠んでいる。

露と落ち露と消えにし我が身かな　浪速のことも夢のまた夢

「自分の人生は成功したと思ったが、まるで夢を見ているような、はかない生涯だった」という意味にとれるが、秀吉は死の直前、自分の人生は成功したと思ったが、実はそれで満たされたわけではなかったことが、ここから見て取れるだろう。

さらに、秀吉と同時代の織田信長は、崩れ行く本能寺で最後に、舞の「敦盛」の一節を謡う。

人間五十年　下天の内をくらぶれば　夢幻の如くなり

信長の句からも、「人の世の五十年間は、天界の時間と比すれば、夢幻のようにはかないものだ」と、やはりどこか虚無的な虚しい心情が伝わってくる。

四十九年　一睡夢　一期栄華　一盃酒

これを詠んだ上杉謙信は、たいへんな酒豪であったとされるが、大好きなお酒になぞらえ、「戦功を競った一生も、一眠りするあいだの夢のようである。この一代の栄華も、一杯の酒ほどの楽しみであった」と、最期の思いを吐露している。

栄華を極め、「この世」的に成功してきた人々が、自分の人生を振り返ったときに感じたことが、充実感でも幸福感でもなく、「はかなさ」「むなしさ」だったというのは、重要な事実である。

では、「むなしさを感じない生き方」を述べるうえで重要になる、「人間にとって、真の成功とは何か」について考えてみたいと思う。

私の考える真の成功とは、「自分の成功が、より多くの人々の成功と幸福を導くこと」だと思っている。自分という存在が、世の中の発展と調和につながることで、はじめて「真の成功」といえるのではないだろうか。それは言い換えれば、「利他的な生き方」であり、決して利己的な自己実現ではない。これに即して、再び豊臣秀吉で考えてみよう。

今の時代の我々から見たら、秀吉がいることで、確かに歴史が大きく動いたことは事実である。秀吉は結果的に、全ての人がうらやむような地位まで上り詰めたが、最終的に本人は、虚しさをこめた辞世の句を詠んでいる。

もし、秀吉自身にとって成功が同時に、「日本社会の成功」であって、同時代を過ごした人々から「秀吉がいたことで、より幸福な人生を過ごすことができた」と感動されるような生き方をしていたら、むなしさなど感じなかったのではないだろうか。自分で生きている時代に、自分の人生に対し、肯定できる人生になったと思う。

「この世」的に、もっとも成功したであろう秀吉でさえ、最後まで真の幸福と成功までには思想的に到達できなかった。それを我々は、歴史から学んでいるわけだから、それを超える生き方が問われていると思う。

利他に生きる

利他に生きれば、結果的に、他ならぬ自らの幸福感につながっていくことになると思う。

たとえば、以前、私は憂鬱（ゆううつ）な気分に陥（おちい）りがちな時期があった。その時は、まさに自分流の哲学に則（のっと）って、「いかに自分が政治家として出世するか」を考えていた時期である。そんな折、私に、知人がある仕事を頼んできた。それは今思えば、それほど大きな仕事ではなかったが、自分の気分のことも忘れ、己（おのれ）のためではなく他者の期待に応えよう、少しでも役に立とうと、精一杯その仕事に取り組んだのである。

すると、夢中で取り組むうちに、不思議な感情が胸に広がってきた。

「ああ、自分も人に役に立っているな」「誰かの役に立つってすばらしいな」という、喜びに満ちた感情や、何ともいえない幸福感に満たされたのである。その感情が湧（わ）き上がると同時に、それまでの鬱のような状態は、嘘のように消えていった。

この体験から確信したことがある。

人間というのは、自分のために生きていたときよりも、誰かのために生きたときにこそ、幸福感を感じるものなのだ。いつぞや日本青年会議所の、当時、三十代後半になるある地区の理事長が、「これからは滅私奉公が大切だ」と話していた。滅私奉公とは私利私欲でなく、公のために尽くすことである。

私はこれを聞いて驚いた。なぜなら私の世代では、「滅私奉公」というのは戦前の軍国主義・全体主義的なイメージがあるからだ。ただ、三十代後半の人たちからすれば、この言葉は否定語でなく、むしろ、無欲を連想させるプラスのイメージとして捉えているのが分かった。

時代的な物差しを抜きにして、「人生哲学」として考えた場合、滅私奉公という生き方は本質的なことだと思う。これは決して「私」を消すわけではない。優先順位の問題である。つまり、他者のために、まず自分をなくすという手法だと思ってよい。それは幸福論からいえば、非常に的を射ていると思う。

つまり、資本主義のなかで発達してきた、アメリカ型成功哲学をベースに考える多くの人は、「自分が満たされていないのに、人のことを考えている余裕などない。まずは自分なのだ」と思うだろうが、実はそうではない。

「まず、他者のために生きることが、実は自分の幸せになる」。これは真理といってよいと思う。

さらに、「真理」について、もっと掘り下げて考えてみた時、「人間とはいかなる存在か」という、本質的な問いと向き合うことになる。古代ギリシャの哲学者・プラトンを引用するまでもなく、「輪廻転生」という考え方にたどり着く。輪廻転生とは、「人間の本質は肉体でなく魂であり、魂は未来永劫、変わらず存在し続け、今の肉体を去ったら、また新たな肉体に生まれ変わる」という思想である。

私たちは肉体という意味では命は有限だが、魂という意味では無限の命を持っている。人生の意味は、「輪廻転生」を繰り返すことで、魂を磨き、その都度の人生で、その人にしかない〝人生のテーマ〟を生きることにある」と思う。人間は自らの魂を向上させるために、その人だけの、「人生の計画」をもって生まれてくるのである。

「志」に生きる

日本の幸福度は世界的に見ても高くないが、幸福度を高めるには、「啓育」的視点に立った対策が重要になると思う。「啓育」の土台は前にも述べたように、自らが主体的に考え行動して、社会の中で自立することだが、そのために、社会の中で自分に何ができるのか、何をするのかを見つけていくことが大切になってくる。その考えを見つけるためには、まず、「志」を持つことが重要であると私は考える。

では、「夢」と「志」と、いったいどこが違うのだろうか。

よく「夢を持て」といわれるが、「夢」は個人の自己実現にとどまる。これに対して、個人の自己実現が同時に、社会全体への貢献にもつながっていくのが「志」である。

わかりやすい例をあげてみよう。

「あなたの夢は何ですか」という問いに対する答えは、「私の夢は医者になることです」「私の夢は宇宙飛行士になることです」といったものである。これ自体は別に否定されることではない。

しかし、「あなたの志は何ですか」という問いには、「私の『志』は医者になって、多くの人の命を助け、病気で困っている人を助けることです」「私の『志』は宇宙飛行士になって、地球で起こっている課題を解決するため、地球とは別の環境で研究を行い、社会に成果を還元することです」といったものになる。

「夢」は個人のものだが、「志」は、一人の個人が社会に対しどう尽くすか、という覚悟である。よって、「志」は個人の世界では終わらない。「志」というとき、そこにはいつも、社会とか他者がいる。社会や他者を高めていくような生き方、それが「志」を抱いた生き方といえるだろう。そして、これからの日本は、この意味における「志」を持つ人間が必要になってくる。

さらに、「志」は、一人で実現できるものではない。多くの人々との出会いのなかで、そこで共感が生まれ、同志が生まれ、力を合わせて「志」を実現していく。「志」を抱いた瞬間から、そうした歩みが始まるのだ。

そして、「志」を抱く人の周りには、不思議なことに多くのものが集まってくる。「志」をもって行動していると、周囲の人が良い智恵を貸してくれたり、無償で仕事を手伝ってくれたり、良い人を紹介してくれたり、そういった良い循環（じゅんかん）や流れが起きてくる。

たとえば、私事でいえば、選挙を何度も戦っていると、多くの場面で「志」の大切さを痛切に感じることがある。そして、人の心を動かすときに、もっとも大切なのは、紙に書かれた公約などの目に見える文言ではなく、その背景にあるものが問われてくる。誤解を恐れず、率直な意見として述べれば、政治の世界は「俺は頭がいい」「俺は優秀だ」と思っている人たちの、集合体の世界といえるだろう。逆に、そのくらいの気持ちがないと選挙を勝ち抜くことができない。衆議院選挙など、毎回十万人以上の方に名前を書いていただく必要があるわけだから、「謙虚さ」よりも「異常な名誉欲」「出世欲」を持たない限り、生き残っていけない部分があるのは事実である。

しかし、そうした自己顕示欲が中心だと、「自分のための政治」になってしまう。仮に当選しても、それは周囲の犠牲の上に成り立っている結果であり、真の成功ではない。一時的に支持者が集まったとしても、必ず人心は離れていくことになるだろう。

そこで大切になるのが、「どんな志をもっているか」である。人々を引き付けるのは、そこに含まれている思想や、思いや、理想や、そして、それらをどう実現するかという具体的な方法なのだ。決して自分一人の範囲の話ではなく、「今の社会やこれからの未来を、どうしていきたいのか」に加え、「多くの人々の共感が得られるもの」でなくてはならない。

ただし、それは民主主義的な妥協の産物ではなく、「社会に本当に必要なことであり、世のため人のためになるもの」として、人々の共感してもらえるものだ。つまり、やはり、「利己主義」でなく「利他主義」であることが、自分の支援者、仲間、同志を集めることにつながっていくのである。

「志」とは言い換えれば、その人の「使命」「天命」ともいえるだろう。私は自分の人生に使命をもって生まれてきたと思っている。それは、「教育によって、人々がチャンスや可能性を自ら見出し、生きる喜びと勇気を感じられるような社会をつくり、人類の進歩に貢献すること」である。

しかし、「志」とは多様であって、人それぞれのなかにあり、決して比較できるものでもない。志とその実現の手段は、人によってちがってよいのである。

だいぶ昔の話だが、埼玉県の秩父を訪れたとき、現地の農家の方が、自宅で野菜の直売を行っているところに立ち寄ったことがある。そこの縁側に座ってお茶を飲みながら、その農家の方々の姿を見ていると、とても幸せそうな様子が伝わってきた。魂的にいうと、田園の精霊。そういう精霊のような人たちが田んぼや畑を耕しながら、つつましく、幸福そうにそこにいらっしゃる。日没を見ながら、みんなでお茶を飲むという幸せの形を見た思いがした。

その時に強く感じたのは、「人生は比較ではない」ということだ。おそらく農家の方は、国会議員という役職を、うらやましいとは思わないだろう。なぜなら、その方々と私では、使命が違うからである。この世のなかで花屋さんとして、美しい花を通じて人の心を豊かにする、という使命をもって生まれてくる人もいれば、農家としておいしい作物をつくって、人を喜ばせる、という使命をもって生まれてくる人もいる。それぞれが、とても尊い使命であり、それは他人と比較できるものではない。生きている人、一人ひとりに、人生のテーマと使命がある。

人はそれを果たすべく、この世の中に生まれてきたわけである。そのテーマに忠実に生きているとき、その人は幸せなのだろうと私は確信している。

人生の早い段階から、そのテーマを見つけられたら幸せだが、多くの人はそのテーマを見つけられないがゆえに、暗中模索して不幸感を抱いたりするのだろう。大切なのは、その人の天命・使命をどう生きるかである。だからこそ、職業に貴賤はないのである。

さらに、掘り下げていえば、「志」は、一代で成し遂げられるとは限らない。それが、「高き志」であればあるほど、一つの世代だけでは成し遂げることはできないだろう。たとえば、地球温暖化の問題を解決するという「志」を抱いたら、それは何世代にもわたって「志」をつないでいくことによってしか、解決できない問題である。よって我々は、「高き志」を抱くならば、その実現のために、自分の時代に全力を尽くして取り組まなくてはならない。

夢というのは叶ってしまえば終わりだが、志は息が長い。生涯を通じ、ライフワークとして付き合っていける。私も政治家になったから、大臣になったから目標を達成したわけではない。誰もが幸せを感じる社会をつくることがライフワークだから、命ある限り、自分の志と付き合っていこうと思っている。

もともと、日本人はこうした思いを大切にしてきた。それによって、数々の国難を乗り越えてきたのではないだろうか。戦後七十六年のなかで、それが薄れてきたように思う。

志の一つの象徴として、「もののふ」という武士の心がある。それはつまり、「他者のために自分がどうあるべきか」という思想にもつながる。一人だけの自己完結を考えたとき、もう武士の資格はない。藩のため、殿様のために自分があると考えるのが「もののふ」だからだ。

それは、「愛」とも表現できるかもいれない。自らを超えた何かに捧げること。誰かのために生きられることが、貴い生き方だと思う。何かを成し遂げる人には、必ず「愛」への思い入れがある。愛は、慈悲・慈しみ・思いやりとか、いろいろな表現があるが、つまりは「利他的」な思いのことだ。こうした思いが含まれた本物の志をもつと、自らの行動だけでなく、周囲の環境も好転していくのである。

したがって、日本人はもう一度、日本の伝統でもある「志」を呼び覚ますべきだろう。そのうえで、一人一人が生きがい、やりがい、幸福感を感じるような社会構造をどう作っていくかを考え、日本の未来につなげることが重要であろう。

個人の願望や夢を実現することだけでは、虚しさから逃れることはできない。新時代を生き抜く力をもたらすのは、利他、愛を内包する「志」しかない。

世界が気づくべき過ち

コロナを江戸時代末期の、黒船来航に例えていた人がいた。つまり、従来の価値観や習慣が根底から覆されるほどの、国家にとってインパクトをもった現象だということだ。それは、まさに「言い得て妙」といえる表現で、いま、あらゆる場所で、構造的な弊害が起きつつある。

私はこれからますます、「日本人の原点」が何であるのかを、自覚しなければならない時代に入ってくると思っている。資本主義のもとで培われた競争原理により、私たちの精神構造もそれに対応するよう「他者を蹴落とし、抜きんでる」ことが求められてきたわけだが、日本人とは本来、他者と共存する深い共生感をもち、お互いを生かし合い、「和の精神」をもった民族である。それをもう一度、日本人自身が理解することが大切である。

では、世界の国々がどれほど深い共生感をもっているかといえば、残念ながら、現在の人類は、まだ日本のような深い共生感に至っているとはいえない。

そもそも、これまでの人類の歩みは、互いに「自分たちの考えこそが正しく正義である」と主張をぶつけ合うものではなかったか。そのために、自分たちの考え方を理解しない人たちを「無知」と決めつけ、自分たちの考えを広げていくことが正義である、との思想が生まれてきたのだと思う。

その一つの例が、かつてのキリスト教の姿であろう。彼らは自分たちの宗教が最高の宗教であり、自分たちの価値観が最高の正義であると考え、キリスト教の価値観を広げることが、世界の平和につながると考えたのである。

しかし、人間の価値観は、必ずしも一つの物差しで測れるものではない。世界にはいろいろな考えがあるからだ。私はキリスト教を否定するつもりはない。グローバル化した世界のなかで、キリスト教も進化していると理解している。ただ、私が申し上げたいのは、自分たちの価値観や正義で世界を一色にしようとすれば、そこには必ず闘争や戦争が起こることは明白であり、そういう一元的発想自体に無理があることに、世界は気づくべき時に来ているということである。

多様性の受容

ただ、異なる価値観が「共生」するということは、単に、異なる価値観が共存することだけでは不十分である。異なった価値観が互いに学び合うとき、そこに進化や深化が起きる。もちろん、日本にも日本古来の価値観があるが、日本人が自分たちの価値観だけを妄信し、他の価値観を受け入れてこなかったわけではない。異なる価値観でも、良いものは柔軟に積極的に、受け入れてきたのが日本人である。

それはまさに、「多様性」を受け入れていく姿勢であり、最近の言葉では、「ダイバーシティ」といわれるものだろう。価値観の異なる姿勢の人が集まって議論したり、共に仕事に取り組むことによって、そこにさらに、あらたな価値が生まれてくる。イノベーションが起きる。そうしたプロセスを大切にすることが、これからの人類社会において、ますます重要になっていくだろう。

しかし、そうした「多様性の受容」という意味では、日本は世界に誇る優れた文化をもっているのではないだろうか。我が国は、古来より「八百万の神」という言葉に象徴されるように、多神教の国であり、仏教においても「大乗仏教」を教義とする国である。反対に、一神教であるキリスト教徒やイスラム教徒のように、他の宗教や価値観を受け入れない姿勢が、国同士の争いを生み出す原因にもなってきたことは歴史が証明している。

だからこそ、日本のように多様性を認める文化を育んできた国は、これからの世界において、大切な役割を担っていくのではないだろうか。グローバル化した世界において、紛争の最大の原因は「相手を認めない」という姿勢である。たとえば、中東のイスラム教文化は欧米のキリスト教文化を拒んで対立している。こうした二項対立においては、究極、片方が勝ち、片方が滅びるという結末が待っている。しかし、日本が長い時間をかけて育んできた叡智は、どちらも否定せず、互いに相手を理解し、平和的に共生をしていく叡智にほかならない。

日本人の「共生感」と「和の精神」について、七年ほど前の夏、私が伊勢神宮から熊野三山を巡る旅をした際に深く感じ入ったことがある。一遍上人は神社である熊野本宮で悟りを開き、その後、時宗（一遍宗）を興している。つまり、神道の熊野本宮で仏教が生まれているのである。また、那智大社には、お寺が隣接している。神道と仏教が同じ場所で祀られていることも、日本独特の現象だといえよう。

以前、東大寺の長老からも、「神道と仏教は人間が二本の足で立つごとく、日本人が生きるうえでの、足のような大切な存在です」という話を聞いたことがあるが、日本はそのような形で、すべてを包み込み。すべてを生かしながら、新たな芽を育み生み出してきた国であるといえるのではないだろうか。

今こそ、日本の価値観を

日本的な価値観を世界に広げていくことは、決して日本が、世界を征服するという意味ではない。世界に広げていくべき価値観は、「多様性の受容」であり、「共生の思想」にほかならない。そして人類は、この日本的な価値観と思想を大切にしなければ、これ以上、存続できない時代を迎えているといえるだろう。

「資源は無限にある」という、幻想が許される時代はすでに終わっている。環境破壊は広がり、地球温暖化も進み、世界各地で災害は多発し、地球全体がおかしくなっている。いずれにしても、これは人類が招いたことにほかならず、人類の生存のためには、人類自身のあり方を変えていかねばばならない時期にきていることは明らかである。しかし、限られた資源、限られた空間において、互いを生かしあいながら共生していく叡智は、やはり、この日本にあると私は思う。日本は狭い島国であり、限られた資源と限られた空間のなかで、多くの人が共生していく叡智とノウハウを育んできた歴史がある。

日本はこの叡智によって、世界をリードできると信じている。ただし、日本のリーダーシップはこれまで世界をリードしてきた欧米型のリーダーシップではない。

「我々の考え方が正しいから、あなたがたも我々の考えに従いなさい」といった、一元論的なリーダーシップではなく、「互いに考え方がちがうことを認め合い、互いの考え方を謙虚に学び合う」という多元的な思想に基づくリーダーシップである。こうした日本の思想こそが、これからの世界をリードしていくものであると私は思っている。

第3章

我が経済成長戦略

日本型資本主義とは

私は、競争原理に基づく金融資本主義はとうに限界に来ていると考える。これからの世界には経済の分野においても、お互いを生かし合う、協調的で、共生的な思想をベースとした「日本型資本主義」を構築していくことが必要ではないだろうか。

企業とは、株主のためにだけ存在しているわけではない。従業員や顧客、さらには社会そのものに貢献するために存在している、というのが伝統的な日本の考え方であった。「企業は本業を通じて、社会に貢献する」という言葉が、日本企業において、語り継がれてきた。日本型経営では、企業の究極の目的は利益を上げることではなく、その事業を通じて社会に貢献することであるとされてきた。

「利益とは、社会に貢献したことの証である」

「企業が多くの利益を与えられたということは、その利益を使って、さらなる社会貢献をせよとの、世の声である」

との言葉でも示されるように、日本型経営では利益は究極の目的でなく、社会貢献の指標であり、社会貢献の手段でもあるとされてきた。渋沢栄一や近江商人の哲学に象徴されるように、日本が長く大切にしてきた伝統的な考え方である。

また、日本という国においては、「働く」とは、「傍」を「楽」にすることである、と語られてきたように、その労働観そのものに、すでに「社会貢献」の精神が含まれている。日本企業の職場においては、当たり前のように「世のため、人のため」という言葉が語られ、仕事とは、世の中を良くするためにあるものだとの精神も、永い間にわたり受け継がれてきたものである。

こうした事業観や利益観、思想観に基づく「日本型資本主義」と呼ばれるものが、これからいっそう重要となり、世界においても注目されていくだろう。

巨大企業の不祥事を受け、「企業の社会的責任」の潮流は、さらに「社会的貢献を重視しなければならない」との思想へと深まっている。また、利益を目的とした新事業を立ち上げる「起業家」でなく、社会貢献や、ＮＰＯなどの社会変革を目的とした新事業を立ち上げる「社会起業家」の潮流も、いま、世界に大きく広がっているといえるだろう。

成熟した資本主義の形

「日本型資本主義」のもう一つの特徴は、「目に見えない資本」を大切にすることであろう。世界中の多くの人が「資本主義は、もっと成熟しなければならない」と感じている。だが、具体的に、「成熟した資本主義」がどのような資本主義なのか、世界の多くの人々にはわかっていない。その結果、ダボス会議などで資本主義の変革を議論しても、

「企業への規制を強めるべきだ」

「いや、それでは自由競争が阻害(そがい)される」

といった次元の議論に終始してしまう。

「資本主義の成熟」とは、つまり、「人間の精神の成熟」である。そして、「精神の成熟」とは、「目に見えない価値」を大切にすることである。

たとえば、人々の持つ叡智(えいち)、人間同士の深い縁、世の中からの信頼、世間での評判、組織や社会での人々の共感などの価値である。人間同士の良い関係は「関係資本」、世の中からの信頼は「信頼資本」、世間での評判は「評判資本」、組織や社会での共感は「共感資

本」と呼ぶ。これらは総称して、「文化資本」と呼ぶことができる。

日本型資本主義や日本型経営においては、

「三人寄れば文殊（もんじゅ）の知恵」

「有難いご縁を頂いた」

「お蔭様」「お互い様」

「天網恢恢疎（てんもうかいかいそ）にして漏らさず」

「世間様（せけんさま）が見ている」

などの言葉に象徴されるように、昔からこうした「目に見えない資本」＝「文化資本」を大切にしてきた伝統がある。

これに対し、金融資本主義は文字どおり、「貨幣」という「目に見える資本」だけを重視した資本主義である。

「企業の経営者の役割は収益を上げ、株価を上げることだ」という思想に象徴されるように、金銭だけを追い求める。ある意味、極めて未成熟な資本主義といえるだろう。

「見えない資本」と「見えない経済」

そして、日本型資本主義経済は、「目に見えない資本」と、「目に見えない経済」を重視してきた資本主義でもある。

では、「目に見えない経済」とは、どんな経済なのか。それは、「ボランタリー経済」と呼ばれるものである。従来の資本主義が立脚（りっきゃく）しているのは、お金を得るために人々が行う「マネタリー経済」で、この対極にある経済活動が、善意や好意によって無償（むしょう）で人々が行う「ボランタリー経済」である。たとえば、家事や育児、家庭内教育や老人介護などがそうだといえよう。また、地域の清掃や治安、コミュニティ自治活動も入るだろう。

このボランタリー経済は、文化人類学では「贈与（ぞうよ）経済」と呼ばれる。「交換経済」や「貨幣経済」よりも歴史は長く、人類社会におけるもっとも古い経済の形とされている。フランスの文化人類学者であったマルセル・モースは、著書である『贈与論』において、贈与によって社会制度を活性化させる方法を論じている。

そして、このボランタリー経済こそが、人類の歴史を通じて、一貫して社会を支えてきた経済なのである。これがなければマネタリー経済も、その活動を停止せざるを得ないほど、社会に深く溶け込んでいる　日本でも、このボランタリー経済はビジネスの現場で大切な役割を果たしてきた。

たとえば、職場で先輩が後輩を指導するときの無償の行為は、「先輩から受けた恩を、後輩に返す」という言葉で語り継がれてきたが、先輩が献身的に自分を育ててくれたことへの感謝から、自分も次の世代を心を込めて育てようとする行為、それこそ「ボランタリー経済」だといえよう。そして、ボランタリー経済のもとでは、先ほど述べた「文化資本」が多く生まれ、生き生きと活用されている。こういった「目に見えない資本」は金融や土地などの「物的資本」と異なり、誰かに贈与することによって、自分の資本が減っていくことはない。むしろ「文化資本」は、無償で誰かに与えることでさらに増大し、自分に戻ってくるという性質がある。

たとえば、誰かに智恵を与えると良い関係が生まれ、信頼が築かれ、評判が広がり、共感が生まれるといったことが起きるからである。特に、昔から「文化資本」を重視し、「目に見えない経済」を内包してきた日本型資本主義は、これからやってくる高度知識資本主義の時代に、最も適した資本主義といえるだろう。

「コンプライアンス（法令順守）」とは、「企業は法律に反することをしてはならない」という考え方を述べた言葉だが、日本ではさらに深い言葉が使われている。

それは、

「世間様が見ている」

「お天道様が見ている」

という言葉である。これはいわば、欧米的な「罪と罰」の文化でなく、日本的な「恥と美」の文化を意味している。すなわち、日本人は社会に反することを「法律で規制されている」からやらないのではなく、「世間が見ている、お天道様が見ている」からやらない、と考える。これもまた、法律だけで資本主義の暴走を規制することの限界に直面している現在、成熟した資本主義を生み出していくために求められる思想となっていくはずだ。

このように日本型資本主義は、ある意味で、宗教的情操と一体となった極めて深い思想的基盤を持つものであり、これから世界が成熟した資本主義をめざしていくとき、大きな指標となる資本主義であることに、我々日本人は自信を持つべきだと思う。

地域の自発的な経済活性化をめざす

今後、日本も世界も、ポスト・コロナの経済として、新たな概念を構築することが必要になってくるだろう。それは、ポスト資本主義のあり方を模索することでもある。なかでも、地方経済の活性化を進めることは、忘れてはならない重要事項であろう。

私は今までとは異なる方法で、地方創生・地方経済の活性化を実現したいと考えている。地方経済を活性化させるためには、まずは安定した経済基盤をつくっていくことである。そのなかで、トークンエコノミーという独自の経済活動を形成していこうとの動きがある。

トークンエコノミーとは、国が発行する通貨でなく、地方自治体や企業が独自に発行する仮想通貨（トークン）がつくり出す、限られた経済圏で行われる経済活動である。岡山県の西粟倉村や長崎県の平戸市は、民間と連携しながら独自にトークンを発行し、事業の運営資金を調達するために新たな方法の実施をめざしている。

こうした取り組みと似ている部分があるが、私が文科大臣時代に設けた、「日本遺産」という制度がある。これは各地域の歴史的魅力や特色を通じて、我が国の文化・伝統を語るストーリーを「日本遺産」として文化庁が認定しているものだ。それまで、「点」として地域に存在していた複数の文化的遺産を結びつけることにより、新たな魅力を生み出し、観光の起爆剤にしてもらおうという狙いがある。

大学が地方創生のエンジンになる

私が最も情熱を傾け、もっとも得意とするのは教育分野であるが、教育と連携した地方創生についても考えるところがある。

地方の人口減少と地域経済縮小という、この二つが悪循環に陥り、地方の弱体化が進めば、日本全体が衰退することは目に見えている。国、地方公共団体、民間の力を結集して、これらの課題を克服して、地方再生を成し遂げなければならない。では、どのように教育を地方再生のエンジンとするかだが、そのカギは大学にあると考えている。

大学は地域と連携し、そのニーズに応える研究や人材を展開することで、地域経済の活性化や地域課題の解決など、地方創生に大きな効果をもたらすことができる。

そうした取り組みを推進している大学の一つが、宇都宮大学である。同大学は二〇一六年四月に、新学部「地域デザイン科学部」を設置した。これは文系と理系を融合した「街づくりのプロ」を育てる学部である。

それぞれの地域では、空き地・空き家の増加や地域経済の衰退、災害への備えなど、多くの課題を抱えている。そうした課題を解決するには、総合的な観点から「街づくり」を進める必要があり、それらを支える知識・スキルを備えた専門的人材を養成することが、社会から強く求められている。それに応えるのが、地域デザイン科学部である。タコ壺化した学部・学科のあり方を見直すことが求められている今、宇都宮大学の取り組みは高く評価されてよいであろう。

私が文科大臣だった時に、教育再生実行会議の有識者メンバーを務めていただいた前高知県知事の尾崎正直氏も、大学が地方再生の牽引役となるよう、さまざまな取り組みをされていた一人である。

たとえば、高知県立大学や高知工科大学の定員を増やしたが、これは県内の高校生の進学先を増やすことで、若者の県外流出を防ごうとするものである。高知県には四年制大学が四つしかないため、進学希望者の八割が県外の大学に進む。その学生のほとんどは、もう高知県に戻って来ない。しかし、県内に進学先があれば、大学卒業後の県内就職につながるし、他県から学生を呼び込むこともできる。地域の担い手を確保することも、地方の大学の重要な役割である。

尾崎氏のこうした取り組みに呼応して、高知大学も二〇一五年四月、大学と地域を密着したものにするために、新学部「地域協働学部」を設置している。

また、地方には、大企業のように自社の資金で研究開発を本格的に進められない中小零細企業が多いが、そこで産官学が連携し、地域のニーズに応える研究開発を大学が担うことも、地域の産業振興にとって大切なことである。

大学による地域連携は地方創生のカギである。地方創生を実現するためにも、地域の拠点となる大学の一層の機能強化が求められている。

東京からの人口流出

東京一極集中や地方からの人材流出など、東京と地方の格差が問題となっていたが、昨年から状況は一変している。このコロナによって、意外なところから地方創生に光が当たり始めている。東京から人が、地方に流出しているという現象が起きている。

たとえば、私の選挙区である板橋区についていえば、自宅でリモートワークをしている人たちからは、「もう毎朝あんな地獄のような満員電車に乗って、会社に通いたくない」という声があがっている。コロナ前はそれが当たり前だったが、いったんその生活から離れてみると、これまでの「習慣」に疑問を持つようになった人が増えている。会社に行かないとできないと思っていた仕事が、リモートで十分対応できると分かったことも、大きく影響しているだろう。

通勤時間が減った分、家族と過ごしたり、自由に時間を使えるようになったうえ、地方のほうが物価も安いし、郊外には緑も多く、子育てをする環境に適している。

そうなると、東京に固執（こしゅう）する意味が薄れ、いま、若者も含め、にわかに地方に注目が集まっているのである。上手に魅力をＰＲすれば、今後、地方が東京からの流出組の受け皿となる可能性は十分考えられるだろう。コロナ後、一気に地方の活性化が進むかもしれない。

地方で活きるボランタリー経済

以前、伊勢と熊野を旅した際、清らかな空気と深い森に包まれた空間に身を置いて、日本という国の行く末に思いを巡らせ、確信したことをひとつ、書いておきたいと思う。

日本において、疲弊した地方の創生を考えるとき、先に述べた「日本型資本主義」の考え方が重要になると思う。従来のように地方にお金をばらまき、工場を建て、雇用を増やすという画一的な「貨幣経済」の考え方では、地方の本質的な再生はむずかしいだろう。

その地方ごとに存在する智恵、縁、信頼、評判、共感といった「目に見えない資本」を生かし、地域の人々が互いに助け合う「ボランタリー経済」を活性化することを同時に行わなければ、地方の再生は決して進まない。こうした形での地方の再生こそが、日本の国全体の新生に結びついていくと信じている。

こうした「目に見えない資本」や「ボランタリー経済」は、日本のみならず発展途上国や新興国において、まだ残っている地域もある。昔から親日の国として知られるミャンマーなどは、約十年前に民主化される以前、軍事政権下で長期にわたり国交を閉ざしていたため、欧米の資本主義の影響をほとんど受けていなかった。そのため、人々の信頼や共感など、目に見えない「文化資本」というものが豊かにあった。民主化され国が開かれると途端に、欧米の資本主義がなだれ込み、国土に値段が付けられ、労働力に値段が付けられ、木材や宝石、天然ガスといった豊かな資源に値段が付けられるようになり、すべてが「貨幣経済」でまわっていく社会に変貌していったのである。

非暴力・非服従を掲げ、インド独立の父といわれるマハトマ・ガンジーの思想を象徴するのは、「チャルカ」と呼ばれる糸車である。なぜ、糸車なのか。ガンジーはイギリスの植民地下で、インドが貧困と奴隷状態にあえぐ原因を、イギリスがもたらした近代機械文明にあると考え、欧米資本から真の意味でインドが独立するために、インドの家庭で昔から使われていた糸車を、経済的・思想的象徴としたのである。ガンジーは近代の工業化・機械化、つまり欧米資本主義を、「人類にとって必ず禍根をのこすもの」と予言したという。

伊勢・熊野を旅した当時、私は立場上、経済に関する発言をする機会は多くなかったが、もし、私が、世界国際フォーラムが毎年開催しているダボス会議で発言するのであれば、これまで日本が育ててきた文化資本に基づく日本型資本主義の話を、スクリーンに伊勢神宮の参道や杉並木、あるいは熊野大社の境内を映しながら、映像と共に伝えていきたいと思ったものである。

働き方に啓育的視点を

これからの時代は、経済指標だけでは測れない幸福感を重視する幸福学（ウェルビーイング）を導入し、一人一人が幸せに生きるための仕事、働き方とは何なのかという視点から、経済を考えていく必要があるのではないだろうか。

第2章でも触れた、自発的、主体的を意味する「啓育」的思考法は、日本が直面している経済課題を克服するためにも、今後、さらに重要になってくると思われる。失われた三十年といわれるように、日本のＧＤＰ成長率は低迷し、企業が生み出す付加価値も伸びていない。また、人口減少に伴い、働く社会の担い手も縮小傾向にある。

日本の一人当たりの労働生産性を見ると、バブル絶頂期の一九九〇年頃にはＯＥＣＤ三十六カ国中、第二位であった。しかし、二〇一九年は年間八万一千百八十三米ドルで、二十六位に転落している。個人の労働生産性が改善されないため、個人の所得も減少傾向にある。これが、デフレ経済の原因の一つだろうと考えられる。

「なるべく男性が働く。なるべく長時間働く。そして、なるべく同じ条件の人をそろえる」ことが、これまでの日本を支えてきた主流となる働き方である。

しかし、今の経済状況を改善するには、今後の働き方を、「男女ともに働く。短い時間で成果を出す。そして、個別の価値にあった製品を生み出す」という方向に転換していかなければならないだろう。そして、この転換には、「啓育」的視点に立った、新たな経済対策が必要である。

今までと同じように働いていて、ただ単に働く時間を短くするだけでは個人の生産性が上がることはない。では、労働生産性を上げるには、どうすればいいのだろうか。私は「啓育的働き方」を一人ひとりができるかどうかが、ポイントだと思っている。啓育的な働き方とは、主体性・自立性を持ちながら、クリエイティブに仕事をすることである。それは、意欲ややる気を持ち続け、個人の幸福感にもつながる働き方ができるか、ということでもある。

実際に、啓育的な取り組みによって成果を上げている企業もあり、働き方改革を進めて労働時間を短縮しながら、同時に企業の業績を向上させ、社員の給与も上昇したという企業は多い。なぜ、こうしたことが可能なのかといえば、啓育によって個人の意識が変われば、企業自体も変わっていくからである。それによって生産性が上がるのは、必然的といえるだろう。

まず、企業が啓育的な取り組みをするうえで必要なことは、働く人が安心して仕事ができる環境を整えることである。今までは、企業の福利厚生という言葉で働く環境について語られることが一般的であったが、現在はそこからさらに進んだ考え方が必要であろう。

新たな労働力とステージを創造する

現在の日本の正規雇用労働人口は、十八歳から六十五歳までの男性がほとんどである。我が国においては、たとえ高学歴の女性であっても、結婚して子どもを産むために一度家庭に入ってしまうと、子育て後に社会に復帰したとしても、ほとんどの求人がパートやアルバイトといった非正規雇用しかなく、せっかくの能力が生かされていない傾向にある。

では、これらの女性の能力を生かすにはどうすればよいか。

たとえば、もう一度大学や大学院に入り直すことで、さらに高い能力を身につける。そうした形で、女性の潜在的な能力を、生涯にわたって生かし続けていけるような社会の仕組みを作る必要もあるだろう。

また、高齢者の活躍についても考えなければならない。私の年齢の人たちは定年退職を迎えている。彼らは能力もあり、もっと働けるが、定年後はしばらく仕事に就きたくないと考える人たちが少なくない。退職金もそれなりに出るため、二、三年くらいは悠々自適で暮らしていけるからだろう。しかし、それは社会にとって大きな損失ともいえるのである。彼らは長年の経験を生かして教育者になることも、大学で学び直し新たな挑戦をすることもできるはずなのだ。

文科省では二〇一四年から、「土曜授業」という施策によって、企業や役所のＯＢなどに授業を担っていただくことを推進している。子どもたちの土曜日の豊かな教育環境の実現に向けて、地域や企業の協力を得て、「土曜日の教育活動推進プロジェクト」を進めている。

実施例としては、エンジニアによる「使える算数・数学講座」だったり、公務員による「活きた政治経済学習」だったり、在外経験者による「活きた英会話」、企業との協働による「商品開発・キャリア教育」などといったものだ。

子どもたちはこうした授業をとおし、家や学校の枠を超えて、広くて未知なる世界と触れ合うことができる。それが子どもたちの内なる可能性を刺激し、未来に向けた情熱を育むことにつながっていく。そうすることで目標が明確になり、試験に合格するために知識を詰め込むだけのインプット脳から、何かを成し遂げるために主体的に学ぼうとするアウトプット脳へと切り替わる。まさに、「啓育」である。高齢者が持つ、「豊かな社会経験」という文化資本を次世代に投入し、将来に花咲かせるための種を育むという、「贈与」が循環する「日本型資本主義」の良い例であろう。

もう一つ、別の例をあげてみよう。

地方に住む知り合いの娘さんは、地域の企業から内職作業を請け負う、小さな会社を経営している。内職だから、モノを梱包し、紙類を封筒に詰めるといった、細かな手作業である。会社といっても、大きな事務所があるわけではなく、自宅の一室を開放し作業を行っている。仕事をしているのは、ご自分のお母さんを含む六十代から七十代の、ご近所に住む主婦の皆さんたちである。実に楽しく、おしゃべりに花を咲かせながら内職作業に取り組んでいるという。普通の会社の概念なら、非常識かもしれない。しかし、娘さんはこう話している。

「女性って、おしゃべりしていても不思議と手が動くんです。同時進行でいくつかの作業ができる。それに、一見無駄にしゃべっているようで、実はそこから大事な情報をキャッチしています。また、男性から見ると、よく女性は視野が狭いと言われがちですが、ある特定の空間に限れば、女性はどこに、何が置いてあるかをすべて把握しています。だから、すぐにモノが探し出せるんです」

たしかに、以前、ベストセラーにもなったアラン＆バーバラ・ピーズの『話を聞かない男、地図が読めない女』（主婦の友社）のなかでも、友人と長電話をしながら料理をしながら洗濯ができる、タコ足的な能力を、女性特有のものとして取り上げている。

さらに、娘さんは女性の能力をこう評価する。

「ウチに来ているのは高齢の女性が中心ですが、みなさん、とても責任感もあって仕事ができます。手先が器用なのはもちろんですが、長い主婦経験によって習得した生活の智恵という素晴らしいノウハウを持っている。それを随所に発揮します。何か問題が起きると、皆で話し合って、それぞれのノウハウを出し合い自分たちで解決していきます」

もちろん、みなさん年金もあるし、長時間働くことはない。あくまでそれぞれの都合で、自由に参加しているという。そして、自分のランチ代とか、孫にわたすお小遣いなどを少しだけ稼いでいくという。作業場にはいつも、彼女たちの笑い声が絶えないそうだ。

「ここは地域のコミュニティセンターと同じ」と、娘さんは笑う。楽しく仕事をしてもらえることが嬉しくてたまらないといい、そうした場所をこれからも提供していきたいという。

こちらも、お互いに「喜び」を贈与し合い、そこにささやかな経済も伴う日本型資本主義を実践しているといえるだろう。

こういう話を聞くにつけ、これからの時代は、高齢者も働けるだけの健康と能力、そしてやる気さえあれば、七十歳でも八十歳でも現役でいられる環境づくりが必要であると感じる。同時に、それは高齢者の生きがい創りにもなるだろう。

一方、最近は若者以上に、中高年の引きこもりが社会問題となっている。二〇一九年、内閣府が行った調査によれば、四十歳から六十四歳までの引きこもりだけでも、推定六十万人いるという結果が出ている。年齢を広げれば、さらに増えていくだろう。会社を辞めたとか、人間関係とか、何かがきっかけとなり引きこもり、社会からこぼれ落ちていく。アメリカの心理学者、アブラハム・マズローが提唱した「欲求段階説」でも指摘されているように、他者と接触がなかったり、他者から認めてもらえないと、人間は生きがいを感じられなくなるという。

手をこまねいて何もしなければ、悲観的な未来がやってくるが、いまならば、まだ間にあう。今後、人口は必ず減ってくる。いまから発想を転換し、人口減少に耐えうる社会を作っていくことは、十分可能なのだ。そして、全員参加型の社会をつくるべきであろう。

多様なキャリアを受け入れる社会へ

日本は諸外国から、様々な価値観を取り入れ、受け入れて進化してきた国である。ただ、女性や高齢者が働くことについては、まだ遅れている部分がある。働き盛りの女性が子育てのため家庭に入る例は多いが、子育て後、もっと働きたいと意欲のある女性には、もっとチャンスを提供しなければならない。いまは女性にしても中高年にしても、一度会社を辞めてしまうと再就職しようと思っても、なかなかまともな職場がない。実際の労働の現場では、非正規雇用が四割、正規雇用が六割といわれ、非正規雇用については圧倒的に女性が多い。

そのため、そういった能力のある人たちに対し、希望に応じた仕事ができる職場をどう提供するかは、とても大事な課題なのである。

一方で、家庭において子どもを育てるということは、とても創造的な仕事であると私は思う。それを仕事だと考えるなら、これほど創造的で働き甲斐のある仕事はない。子どもという、無限の可能性のある存在を、自分の手で育んでいけるわけだから、子どもとはある意味、神様のような存在といえる。したがって日本の女性には、子どもを育てることは、人生において素晴らしい営みであることを自覚してもらいながら、一方で、能力があり、働く意欲のある女性が、その意志さえあれば社会で活躍できるようにする。すなわち、外で働きたい人は働き、家で家族を支えたい人は家の仕事をするという、選択肢が増えることが重要なのである。

たとえば、子育てをしながら本業は週に四日にして、その合間に副業をするとか、子育てしながらもっと勉強してみるとか、そういった多様な働き方を選択できるような社会をつくっていくことが、これからは必要なのではないかと思う。

渋沢栄一に学ぶ企業の使命

二〇二一年の大河ドラマの主人公は渋沢栄一である。「日本近代産業の父」といわれ、国立第一銀行（現・みずほ銀行）や王子製紙など、五百社以上の会社を起業した人物として知られている。教育者である福沢諭吉と同時代に活躍しているが、渋沢は著書『論語と算盤』のなかで、「道徳なき経済は犯罪なり、経済なき道徳は寝言である」という言葉を書き残している。つまり、経済活動とは社会貢献につながらなければならない、という意味である。渋沢は、経済と道徳を同じものとしてとらえている。

江戸時代から明治にかけて、日本各地で活躍した近江商人にも「三方よし」という商売哲学がある。「売り手よし、買い手よし、世間よし」というもので、「売り手も買い手もお互い満足して、さらに社会貢献できるものが本当に良い商売なのだ」といった意味である。渋沢も近江商人も共通しているのは、「自分だけ儲かればいい」などとは考えていないということだ。

この哲学は普遍的であり、これからの時代、あらためてこの意味を学ぶべき時にきている。

たとえば、企業についていえば、株主など一部の者だけに利益が集中するのでなく、従業員、消費者、取引先、地域社会といったステークホルダー（利害関係）全体がバランスよく利益を享受して、共存共栄できる経済のあり方を目指さなければならない。

また、温暖化や環境破壊が加速度的に進むなか、二〇一五年に国連で採択されたＳＤＧ

s（持続可能な開発目標）や、二〇二〇年、菅総理によって宣言された、二〇五〇年カーボンニュートラル（二〇五〇年までに温室効果ガスの排出をゼロにする）など、地球環境と人類への責任として、企業はいま、産業構造の転換を根幹から求められている。

変わる経済の形

次に、この国のこれからの経済のあり方について考えてみたいと思う。

これまでの経済は、GDPの成長率を上げるにはどうしたらよいか、という考えがベースになっている。確かに、日本のデフレは三十年間続いていることもあり、感覚として経済が上向いていると感じることができない人も少なくないだろう。

確かに日本のGDP成長率は一パーセント前後であり、目標としていたインフレ率も実現できていない状況にある。その一方で、こうした状況は、私たちにとって果たして不幸なことなのだろうか。

GDPは確かに経済成長を測る上で、大切な指標であり、今後も生活の指標として示していくことが必要だろう。しかし、同時にGDPだけでは測れない幸福感というのが、実はあるのではないかと思う。

先日、ある三十代の若者と会ったとき、こんな話になった。

「僕たちの世代は車を所有することをせずに、シェアしています。こんなことを上の世代の人たちは、生活が厳しいからと捉(とら)えるようです」と彼は言った。

私は「君たちの世代は賢い。所有にこだわったところで、死んだあとはあの世に持っていけないのだから。私たちの世代は、ある意味見栄っ張りだ」と答えた。

そうすると彼は、「下村議員の世代でそういった考えを持たれているのは驚きです。そう言われると、なんだか、自分の世代が賢く生きているように思います」と驚いていた。

私はこのとき、今までの資本主義とは違う時代が来ると強く感じたのである。というのも、シェアリングエコノミーは所有をすることに重きを置いていない。家や車というのは、生活を豊かにする道具ではあるが、あくまで道具にすぎず、所有しなければならないものではないという考えが、若い世代を中心に広がっている。

自動車業界から見れば、若者の車離れは深刻な問題なのかもしれない。一台百万円する車を買わずに、一カ月、数千円で車を使う人が増えた場合、企業の売り上げを考えればマイナスになるかもしれない。しかし、彼らの世代は賢いと思う。所有という概念を超えて、シェアするという概念で生活を豊かにしている。

他にも家を買わずに、平日は都心で、週末は地方で生活する二地域移住をする人が現在は増えている。さらに、都心も地方も賃貸で暮らす人が増えている。これも従来の考えとは異なるものだろう。多くのお金を稼いで、地方に別荘を建てることがステータスという時代もあった。しかし、今は所有に拘らず、お互いが補い合って生活を豊かにすることができる。一人ひとりが資本を蓄積せず、資本を使い合うということが可能なのである。

デフレから脱却することが最優先事項として、今までは考えられてきたが、資本主義において重要なことは穏やかなインフレを続けていくことであり、そのことによってGDPが拡大していくことが基本的な考え方となっている。そのため、個人消費が伸びること、効率的に生産をしていくことが重要であった。しかし、新市場の創出に伴い、既存市場への負の影響が生じる可能性もある。

モノのシェアを例にすると、シェアリングエコノミーが拡大すれば、当然、新品の購入が減る可能性が出てくるだろう。ライドシェアや民泊サービスであれば、タクシー業界や宿泊業界への影響も出てくるかもしれない。しかし、この流れを止めることはむずかしいと思う。若い世代の常識は、明らかに「所有」から、「シェア」へと変わっている。

こう考えたとき、今までとは違う、新たな考え方に対する経済政策が必要になってくるだろう。時代とともにテクノロジーは進化し、すべての人がインターネットでつながった状態になる時代は、もう目の前まできている。そのときに、今までのような経済政策が、そのままうまくいくかというと、それは難しいだろう。

高度経済成長期のように、人々がモノを求め、新たな商品が売れるような時代ではない。個人消費を誘発する新たな価値を、どう生み出すかも考えなければならない。

これからは、モノが溢（あふ）れている時代となる。溢れているモノを無理に売ろうとするだけでは、経済成長にはつながらない。

最近では、どこかの企業や団体に所属していなくても、個人同士で自分の能力や時間を売り買いできるようになっている。実際に、習い事や語学学習の指導、コンサルティングなどのサービスが、個人間で取り引きされるケースも増えている。

個人の能力やサービスの売買ができるということは、今までのような企業と個人の取引から、個人と個人の取引に、ビジネスの形態が変わってきていることを示している。企業や団体に所属しない個人の能力という無形の資産も、次の時代には商品となり得るのである。こうしたことを踏まえ、新たな経済の考え方を構築していくことが必要になっているのだ。

しかし、経済システムが変わったとしても、変わらないものがあるはずだ。それは、資本主義であれポスト資本主義であれ、人生を幸せに暮らしたいという人の欲求である。身近な経済活動が資本の増大を目指すことから、便利に効率的に資本を使う、シェアリング型の経済活動になったとしても、それは人が幸せに暮らすために、自ら選択した手段である。

これまでは、お金に固執した政策や概念が社会のなかに広がり、そのことに疲弊し、ストレスを感じる人がたくさんいただろう。こうした状況を克服し、新たな考え方で、人がより幸せに生きる手段として、シェアの経済も生まれてきたのである。だからこそ、人生の幸福というものを今一度、あらためて考えることによって、ひとりひとりの経済に対する考えも変わってくるのではないだろうか。

お金をただ求めるのではなく、自らの人生をより良くするために、新たなサービスを生み出し使っていく。こうすることによってはじめて、ポスト資本主義の新たな時代が訪れるのである。

第4章

私の幸福論、そして教育論

シンギュラリティの時代

未来学者のレイ・カーツワイルは、二〇〇五年に未来を次のように予測していた。

「二〇四五年に機械が人間を超える日、『シンギュラリティ』が到来する」と。

シンギュラリティ、これを「特異点（とくいてん）」と訳す。

シンギュラリティは、「二〇四五年問題」とも呼ばれている近年のキーワードである。

その時、人工知能、AIが人間の知能を上回り、今、人間が行っている仕事のうち、「クリエイティビティ」「ホスピタリティ」、「マネジメント」以外の九割の仕事を機械が行う時代が到来するという。近年のテクノロジーの発展には瞠目（どうもく）するものがあるから、誰にとっても他人事ではなかろう。その結果、働く人間は全人口の一割。他の九割の人々は失業しても、ベーシックインカム（最低限所得補償制度）か、フリーミアム（基本的な商品やサービスは無料で得られること）で生きていけるという訳だ。

働かなくても生きていける。

それは本当に夢のような時代だろうか。

私は、この時代を迎えるうえで、大きな危機感を抱いている。そして、それは私だけでなく、世界中の指導者が抱いている危機感でもある。

なぜなら、シンギュラリティの時代では「人の生きがい」がこれまで以上に奪われるためなのだ。

現在まで人間は、とにかく毎日食べていくことに必死だった。労働とは食べていくためであり、極論すれば、労働することが目的化していたと言って過言ではない。「生きるとは何か」「自分は何のために生きるのか」といった哲学的な問いを、大半の人は考えずに一生を終えてきた。しかし、シンギュラリティの時代は、違う。九割の人が、仕事をしなくても、食べていける時代では、食べるために働く必要がない。

このように書くと、「食べていくためでなければ、名を揚げることが人生の目的だ」という考え方も出てこよう。通俗的な成功哲学をかじって、スキルアップに励み、自己実現を望む。特に若い方々に、こうした主張が多いかもしれない。

しかし、後述するように、自分の地位や名誉、金銭欲だけを追う人生には、空虚感しか残らないことは、過去の歴史が証明してくれる。

シンギュラリティの時代を迎えるうえで、「私たちは、どう生きるべきなのか」「人間として本当の生き方は何なのか」という、世界の指導者たちにも、いまだ答えを出せないでいる問いに答えるのが、本章のテーマである。そして、これこそが、これからの時代に求められている「教育論」なのだと確信する。

自らを教育する自己実現の道

私は、「教育」を人生の重要なテーマに据えて、使命感を持って取り組んで生きてきた。自らの人生に、タイムスケジュールを定め、その時々の達成すべき目標と目的を思い定めて、取り組んできたのである。

これは、いわゆる「アメリカ型の成功哲学」の実践と言えるもので、一言で言えば、「潜在意識を活用しながら、個人の願望や夢をいかに成就するかという理論や手法を指す。その代表者に、ナポレオン・ヒル、デール・カーネギー、ノーマン・ヴィンセント・ピール、ジョセフ・マーフィーらがいて、彼らの著書は日本でも有名で、相当数の読者を獲得している。

今なお、アメリカ型の成功哲学で自己実現を目指す社会風潮は活発だが、今後は自らの自己実現を求めるだけの生き方が通用しない時代が間違いなく到来する。すでに目の前に来ているといって良いかもしれない。

それでは、これからの時代に通用する自己実現の方法とは、どのようなものなのか。「令和の教育論」として、ここに書いてみることにしたい。

アメリカ型成功哲学とは

私の体験をもとに、そのエッセンスを書いてみることにする。

プロローグに書いたように、私が九歳のときに父が交通事故で他界し、私を含めた三人の子どもを母は女手一つで育ててくれた。生活は非常に苦しく、勉強よりも食べることに必死だった。

当時は本もろくに買えなかったので、小中学校の図書館の本をとにかく貪るように読破していった。図書館の本の三分の一、数千冊以上は読んだはずである。

中でも特に感銘を受けたのが、偉人伝であった。つまり伝記作品である。偉人と呼ばれる人々が、困難や逆境に打ち勝って、高い志で世のため人のために生きる姿に、自分の生い立ちを重ねて大きな感銘を受けたのである。中学三年になると、卒業後の進路を考える時期に入る。経済状況から、私には普通高校への進学という選択肢はなく、母からは「昼間は働いて、夜間の定時制高校に進んでほしい」と言われていた。

しかし、ちょうどその時発足したのが、交通遺児育英会（あしなが育英会の前身）だった。交通遺児育英会と日本育英会（学生支援機構の前身）の二つの育英会の奨学金を利用して、猛勉強の末、群馬県でも有数の進学校である高崎高校に進学することができた。

小学生のころから、政治家になりたいという思いが芽生え始めたが、こうした奨学金を受けて進学できた体験から、教育機会平等化を始めとする教育改革への思いがよりつよくなっていった。

大学進学時にも奨学金を活用し、「政治家になるには、早稲田大学だろう」と、早稲田に入学、学費と生活費を自ら工面する中で、二十を超えるアルバイトを経験した。

大きな転機となったのが、大学一年生の時に始めた家庭教師のアルバイトである。子どもを教える喜びや感動を知り、大学四年のときには就職する道を断ち、「博文進学ゼミ」という学習塾を立ち上げたことはすでに書いた。

「念ずれば　花開く」

アメリカ型の成功哲学との出会いは、塾経営が順調になり始めた二十六歳のときだ。「プロローグ」にも簡単に書いているが、今一度、詳述したい。

私は、アメリカの思想家、ポール・J・マイヤーの成功哲学のプログラムを参考にしながら、健康面、社会生活面、教養面、精神面、経済面、家庭生活面などの分野において、三十年後の人生設計をしたことは、すでに述べた。そのときに立てた目標が「五十六歳で文部大臣になる」だった。

そこから逆算すると「実現するためには当選が五回必要だから、四十代で国会議員になる。そのために、三十代で都議会議員になる」と、段階を追った長期目標・中期目標を設定した。

次に重視したのが「計画化」であった。目標から逆算して、理想と現状のギャップを埋めるために、「何をいつまでにどうする、そのためには今日何をするか」といった具体的な計画立案をしてゆく。ただし、計画を実行するうえでは、当然ながら計画通りには行かないことも多々出てくる。そこで重要になるのが「積極思考」である。「念ずれば　花開く」とは、仏教詩人・坂村真民（さかむらしんみん）の言葉で、母も苦しいときには、この言葉をよく唱えていた。私も苦しいときには、この言葉を唱えながら、努力して積極思考に努め、困難を乗り越えてきたように思う。

政権交代の影響などで、予定より二年遅れはしたが、当初に設定した目標通り、五十八歳のときに文部科学大臣になることができた。それだけではない。二十六歳で構築した計画の九割以上は成就している。ここまでは「自分が思い描いてきた人生を送ることができた」と言えるように思う。

利己的な自己実現

目標を成就させるに当たって重要なことは、単に頭の中で漠然（ばくぜん）と思い描くだけではなく「ありありとイメージできるまで具体化する」ことである。

私がよく例に出すのが、日本で一番高い建物として建設された東京スカイツリーである。スカイツリーは、明確なイメージができたからこそ、造ることが可能になったのである。

当然なのだが、「建てられたらいいな」という漠然たる思考からでは、あのような建造物は完成させられない。正確で緻密（ちみつ）な設計図と建設計画を基に造ったからこそ、実現不可能と思えるほど巨大な建造物が出来上がる。

人生設計も、これと全く同じなのである。イメージできれば、それは、ほぼ完成したといって良いくらいなのだ。私は、二十六歳のときに設定した目標と計画をノートに書きこみ、何度も何度も微修正を重ねながら、イメージを具体化してきたのである。

私が教育論を語る場合には、まずはこうした「自己実現」の方法論を具体的に若い人たちに知っていただくことから始めたいのである。人生は一度きりなのだ。誰であっても、自らの内なる可能性を思いきり外へ向けて開花させられるなら、充足感を得られる人生を実現することができる。

これまでお話しした自己実現に至る道では、間違いなく私も実践した「アメリカ型の成功哲学」が大きな役割を演じている。

しかし、すでに書いたように、これからの時代、それだけでは人間の「真の成功と幸福」にはつながらないと思うようになった。この先の時代背景を踏まえるなら、そうならざるを得ないと感じるのだ。これまでの「生き方」が通用しない時代になっている。

確かにアメリカ型の成功哲学は目標を達成するための一つの科学的、論理的、あるいは学問的な方法論＝メソッドだと思う。私を含め「凡人がいかに目標達成し、成功していくか」という理論としては、完成されているといって差し支えない。

ただし、ここで注意してほしいのは、アメリカ型の成功哲学に限らず、自らの自己実現を成し遂げる理論である広義の成功哲学に共通して言えることは、「利己的な自己実現を目指している」ということである。

ここまで書いてきた成功哲学のエッセンスも「自分」の観点からのものである。それは、自分の成功だけを目指す、ごく普通の「利己的な自己実現」にほかならない。だが、ここには大きな問題点がある。実は利己的な自己実現の先に待っているものは、達成感や充実感ではないということだ。

やがて私も「利己的な自己実現の先には虚しさだけが残る」ことを実感する。すでに述べたように、私は二十六歳で「三十年後に文部大臣になる」と思いを定めて、若干のずれはあったものの五十八歳で実現した。この目標以外にも二十六歳の時点で設定したあらゆる分野における三十年後の目標も、そのほとんどが実現してしまった。

天命、使命

もちろん、まだまだ自分の人生を振り返る歳ではないと思っているが、当時の目標設定からするなら、「成功した」と言えるかもしれない。しかし、だからと言って「自分の人生は充実して素晴らしいものだったか」「悔いなく棺桶に入れるか」と自らに問うと、決してそうとは言えない。

なぜなら、私にとって文部大臣という目標は、自らの理想とする教育理念、教育への思いを実現するための手段でしかなかったと気付いたからなのだ。

「文科大臣になって何をするのか」が分かったのは、実際には文部科学大臣を目指すなかで、あるいは、なってからなのだ。

確かに、目標というものは人生の使命が具現化されたものではある。文部科学大臣という地位に就くことが人生のゴールだとしたら、なってしまえば、それこそ虚しさだけが胸に去来するだろう。

ほんとうはもっと早くから自分の天命・使命を知っていれば、自分の人生や存在をとおして、さらに多くの人たちに貢献できるような密度の濃い人生を歩んでいたことだろう。秀吉も同じく、自分が生きている間に、本当の生きる価値を悟ったとしたら、ああまで虚しさを感じることもなかったのではないか。そういう意味で、私たちは、栄華を極めて、虚しさの中で亡くなっていった何百年も前の先人たちが生きていた時代から、ほとんど思考が変わっていないともいえるのだ。

だからこそ、我々は、歴史から学ばねばならない。

「なぜ栄華を極めた秀吉は虚しさを感じたのか」から、「虚しさを感じない人間の生き方とは何なのか」という人生への問いに対して、答えを明示する。

それが、「令和の教育論」たる本章、ひいてはこの本の役割でもある。

ただ、繰り返しておくが、アメリカ型の成功哲学は個人の自己実現としては素晴らしい理論である。

東北の高校野球部の強豪校では、野球だけに限らず「人としてどうなりたいのか」というところから、さまざまな分野で目標設定をしているという。そうしたトータルバランスに即して目標設定をしていくことは、成功哲学の説くところなのだ。同時に、このような教育方法は、子どもの可能性を大きく広げることは間違いない。

アメリカ型成功哲学の真逆の生き方

ここまで、アメリカ型成功哲学の価値と、その限界について書いてきた。それでは、利己的な自己実現を求めない、それとは真逆の生き方を選択すれば良いのだろうか。そもそも利己的な自己実現とは真逆の生き方とはどんな生き方なのか。

それは、現世的な人間の欲や栄華には背を向けた、世俗から離れた世捨て人の生活に近い。山にこもって修行生活する修験道のような暮らしである。宗教的な境地を求めるような生き方と言えよう。これまでの我が国の歴史の中には、そうした生き方も存在した。

しかし、こうした世俗から切り離された禁欲的な生き方がほんとうに人間として理想的な生き方なのだろうか。私はそうではないと考える。なぜなら、地球上の生きとし生けるものは、すべて「相互依存」の基盤の上に成り立っていると考えるからである。単独で生きていけるわけもなく、お互いに助け合って存在している。

だから、一人で悟ったようでいても、他の人々になにがしか貢献するような生き方でなかったなら、それもやはり虚しいと思う。

個人的な自己実現を求める、もしくは自らの悟りのみを求める。この両者の生き方に共通するのは、「ほかの人々に貢献する生き方ではない」ということなのだ。

これからの時代、「自分が誰かの役に立っている」という「生きがい」につながる生き方の価値がますます高まっていくことだろう。

そう断言できる理由は、すでに書いたように、今後「シンギュラリティ」の時代に突入することにある。

人々はこれまでの生き方が通用しない時代を、すなわち「何のために生きるのか」をよりいっそう突き付けられる時代を迎えるのである。

「利己的な自己実現の先にある虚しさの理由」、そして「それを超える生き方」「虚しさを感じない生き方」とは、なんだろう。

「虚しさを感じない生き方」を考えるうえで、「人間にとっての真の成功と幸福」が重要になる。私は、真の成功とは、「自分の成功が、より多くの人々の成功と幸福を導くこと」だと考える。自分という存在が、世の中の「発展」と「調和」につながることで、初めて

「真の成功」と言えるのである。言い換えれば、「利他的な生き方」であり、決して利己的な自己実現に留まるものではない。こうした、利他に生きることこそ、ほかならぬ自分の幸福感にもつながるのである。

人間というものは、自分のために生きているときには、どれほど求めても、真の幸福感を得ることはできないが、誰かのために生きた時こそ、幸福感を感じるのだと思う。

「働くこと」の真の意味

シンギュラリティの時代には、こうした「真の成功」に即した生き方をすることが虚しさをなくしていく。

そのためには、働くことの意味を変えなければならない。

つまり、これまでの時代のような、賃金を得るために肉体や頭脳を提供する労働ではなく、コンピュータやロボットにはできない、自分の仕事を通して人々や社会の役に立つ仕事である。

シンギュラリティの時代は、自分の稼ぎだけを考える人は、より虚しさを感じることだろう。しかし、「自分の仕事を通じて、いかに周囲に貢献していけるか」という観点で働く人は虚しさを感じない。むしろ、周囲の感謝を集めることで、生きがいを感じるのである。つまり、先に書いた「真の成功」につながる生き方ができるのである。それがつまり、他者に対する貢献、利他や愛という言葉で表現されるわけなのだ。

それがごく一部の人だけでなく、すべての人が考えなければならない時代になる。だからこそ、「本当の仕事とは何なのか」の意味を人々が認識し、一生を通じて他者に貢献するために働き続けることの方が幸せだという価値観を、どう作って行くかが重要になるのである。

もともと日本では、「働く」という語は、「傍を楽にする」ということであったと語られてきたとすでに述べた。「我が業は我がためにあらず」という言葉もあるが、日本人は何か大きな仕事を成し遂げたとしても、「あの仕事は私がしました」という言い方はせず、「あの仕事は私という人間を通して大いなる天が成し遂げた」と言ったものなのである。不思議なことだが、「我が業は我がためにあらず」という心の姿勢で日々を邁進しているほど、運命が好転していくと私も体験を通じて感じている。

現代社会の考え方の中心は、利己主義、まずは自分である。アメリカ型の成功哲学も、まずは自分が成功して、そのあとに社会に恩恵（おんけい）を与える、還元（かんげん）するということである。だが、そうした考え方、生き方では、真の幸せは得られないようだ。そのようにして手にしたお金で人生を楽しみ、社会に恩恵を与えた人たちは、おそらく後で回り道をしてしまったことに気づき、後悔するはずなのだ。米国の鉄鋼王、アンドリュー・カーネギーに始まり、成功哲学を体現した人は、一様に財団を創り、慈善（じぜん）活動をしていた。成功して得た果実を、いかに多くの人たちに還元するかを「寄付」という形で大切にしている。

一方日本では、高度経済成長までは世の中の本質が解（わか）っている経営者より、強欲（ごうよく）的な短期決戦型の経営者の方が、物質的には豊かになっていることもあっただろう。いかにして金持ちになるか、エネルギーを一点集中して思考を具現化するのだが、そこで得られた富が人生を豊かにして幸福かといえば、そうではない。

欧米の起業家たちは、自分が社会的に貢献するために財団を作って、恵まれない人々に寄付をする。成功して得たものを多くの人々に還元する。それはそれで素晴らしいことだが、私はもうその時代も超えなくてはいけないと思っている。

というのも、「自分が成功して世に役立つ人間になる」といっている限り、その人は実はまだ幸せとは言えない。その考え方では、成功して初めて幸せになり、成功するまでは幸せではないということになってしまう。

第2章に挙げた秀吉の例のように、自分の成功を優先した時には、周囲は感謝してくれない。周囲の犠牲の上に樹立(じゅりつ)された成功では、決して幸せにはなれないのだ。自分も幸せを感じながら、周囲も幸せにしていくことを考えていかなければ、その先には必ず虚しさが待っている。

だからこそ、利己主義ではなく、利他主義、世のために自分が貢献すると、それが結果につながるという発想の転換が必要になる。

短期的な成功が、幸福になる道とは必ずしも限らない。これは本当によくある現実なのである。

「志」という人生の灯

人間を本当の幸せに導いてくれる生き方。それでは、どうすれば、そのような生き方ができるのであろうか。何が道標(どうひょう)、いわば「人生の灯(ともしび)」となって私たちを照らしてくれるのだろう。

　それは「志」だと私は確信する。志を抱いて生きることに答えがあると考える。志とは、「自分以外の誰かのためという利他の精神が含まれた、魂に刻まれた人生のテーマ」といえるだろう。こうした本物の志を持つと、自らの行動だけでなく、周囲の環境も好転していく。これは選挙で長らく戦ってきた私には良く分かるのだ。

　言い換えれば、志とは「使命」であり、「天命」だといえる。それは利己的な欲望とは一線を画(かく)している。そうした人生観に立てば、いかに地位や名誉、金銭的栄華があっても、それは重要ではない。現世を離れるときには、今世で得た地位も名誉も、何一つ持っていくことはできないのだ。あの世に唯一持って帰れるものは、より磨かれた魂の気高(けだか)さである。

　そして、志はシンギュラリティの時代に重要になっていくだろう。「自分という存在が、周囲の人々の役に立つ」といった「仕事」の創出にもつながっていく。仕事は、志がより具体的になったものといえるかもしれない。

もう一つの鍵は「感謝」

志を立てるための鍵（かぎ）がある。もう一つの要素と言ってもよい。

それは、「感謝」なのである。

「今生きていること自体が感謝である」と思える自分を、まず作ることが最重要の課題なのだ。しかもそれは人生において、早ければ早いほど良い。

私は時々、少年野球チームに顔を出す。その折には、子どもたちに「小学生で野球をやれるということ自体が感謝だよ」と話すことにしている。

「やりたい、と思っても親御（おやご）さんがチームに入れてあげようと、応援してあげようと思わなければできないし、監督やコーチもボランティアで手伝ってくれている。だから、今自分が野球をやれるのは周りの人たちの無償（むしょう）の支えがあるからだよ。毎日しっかり食事が取れて、学校に行くことができて、野球チームに入れてもらって野球ができるというのも、みんな親御さんが尽力（じんりょく）してくれて今があるんだよ。こう考えると感謝の気持ちがわくよね」

というと、子どもたちは大いに納得してくれる。

感謝というものは、強制して生まれるものではない。それゆえ、自分が置かれている立場を素直に感謝できるような、そんな思いを育てることが重要なのである。自分の力で人生を切り開くという意識も大切だが、一方で周囲の支えがあって今の自分がいるという意識も大切なのだ。

しかし、人間は、なかなか感謝の心を持つことが難しい。

なぜなら、多くの人は、足りないものばかりに目を向け、「自分には感謝するものなどない」という不足点ばかりを考えてしまうからだ。周囲の力を享けながら何かを成し遂げられても、「自分がやった」という気持ちになりがちである。

そのように考えてしまう人々が、どうしたら「生きていること自体が奇跡であり、感謝すべき幸せなことなのだ」と気づけるかは、教育における非常に大きなテーマなのである。

これまであまり語ったことはないが、私は十年前に胃がんを患った。幸い完治したが、そのとき、健康な暮らしがいかに素晴らしいか、ありがたいか、身に染みて気づかされた。これは私の人生の大きな転機だった。

また、私の人生でもう一つの転換点となったのが、二〇一一年の東日本大震災である。

多くの命が失われ、また、数十万人の人たちが家や家財をすべて失ってしまったり、普段の生活で当たり前に使うことのできていた水道、ガス、電気が機能しなくなってしまったりした。

震災から半年ほどして、東北の人たちが、「自分たちは仮設住宅に住んでいるけれど、今自分たちが生きていること自体が奇跡であり、感謝だ」とおっしゃっていた。つまり、人々が「当たり前」だと思っていた「生存すること」自体が実は当たり前ではなかった。生きていること自体が感謝に値するのだと、震災を通して多くの方が気づいたわけだ。

「この現実があるから、自分は上手くいかない」と考える前に、「今、生きている」ことに感謝していく。存在そのものが感謝に値すると思うのは、東日本大震災のような天災が起きた時、大病を患った時、本当に大切な人が亡くなった時など、非日常に触れたときであろう。

今、直面している当たり前でない状況を知ることで、自分が生きていること自体が「奇跡的に生かされている」ことに気づかされる。

逆境の時ほど、そうした気づきに覚醒する人々が増えていくということは、非日常的な出来事がもたらす一種の「遺産」なのかもしれない。

相互依存を理解する

今、生きていること自体が感謝だと思うためには、非日常だけでなく、「相互依存」の考え方も重要ではないかと思う。

先にも書いたように、自然界は、お互いに生かしあって成立している。ある個体が、自己完結して存在していることはあり得ない。そもそも、地球上のすべての生物は相互依存の下に成り立っている。植物と動物の関係にしても、植物が二酸化炭素を吸って酸素を出し、逆に動物は酸素を吸って、二酸化炭素を排出することで、双方が生きることができる。自然の摂理(せつり)である。

人間も同じなのだ。人は単独では生きてはいけない。意識する、しないにかかわらず、相互に助け合って存在している。「自分は一人の力で存在しているのではない」と、相互依存を理解し、そんな思いになった時、次の詩のような感性が生まれると思うのである。

「二度とない人生だから」

二度とない人生だから
一輪の花にも
無限の愛を注いでゆこう
一羽の鳥の声にも
無心の耳をかたむけてゆこう
二度とない人生だから
一匹のこおろぎでも　ふみころさないように
こころしてゆこう
どんなにかよろこぶことだろう
（略）
二度とない人生だから
つゆくさのつゆにも

めぐりあいのふしぎをおもい
足をとどめてみつめてゆこう
（以下略）

これは、前出の仏教詩人、坂村真民の詩である。

こうした感性は、利己的な自己実現を目指している感性とは、対極に位置するかもしれない。しかし、人間が幸福感を感じるうえで、こうした感性は欠かせないと思う。

朝早く起きた時の夜明けの美しさ、また、一日仕事で汗をかいた後の夕焼けの美しさ。このひとつひとつが、よく見たら見事ともいえる美しさなのだ。秋に和食の店に行くと、料理に添えられている柿の葉。その柿の葉一枚でさえ、どんな芸術家にも表現できない鮮やかさを備えている。

大転換期の人間論

本章では、ここまで、「真の成功」と「幸福」、そこにつながる「志」について書いてきた。図らずも「私の教育論」と「幸福論」になっていると思う。同時に、もう間もなく我々が直面する大転換期の時代における生き方が見えてきたようにも思う。結果的に、「大転換期の人間論」にもなった感がある。そこでの生き方は、多くの人にとって、困難を極めるかもしれない。新しい時代の要請は、人間にとって、仮借（かしゃく）ないものかもしれない。

これは、日本人だけに求められているのではなく、今後、世界中の人々に強く求められていく生き方でもあるだろう。

それを確信させられたのは、二〇一七年初頭に、スイスで開かれた世界経済フォーラム、いわゆる「ダボス会議」に参加した時である。

この会議は、G7やG20などの、先進諸国が集まり、国際社会の中で協調していくための会議とは性格を異にしている。世界百カ国以上の国々から、それぞれの国のトップたちが、延べ三千人以上集まる会議なのだ。

ダボス会議で今後の政治・経済を議論し、それがそのまま、世界におけるその後の流れになることも珍しくはなく、その参加者の層や、決定事項の大きさから見ても、今現在、世界中でこれほどの影響力を持つ会議は他にない。

しかし、二〇一七年のダボス会議は、それまでの自信に満ちた雰囲気ではなかった。国際情勢の劇的な変化、アメリカにトランプ大統領が誕生し、イギリスはＥＵを離脱、国際社会でのグローバリズムに対する懸念、保護主義政策、自国第一主義、反グローバリズムの流れなど、数多くの国際情勢の不安定さが背景にあった。

そして、それ以上に大きな懸念材料となったのが、「第四次産業革命」への不安感だった。第四次産業革命とは、本書で何度も取り上げてきたシンギュラリティの時代のことである。実際、ダボス会議を創設したスイスの実業家、クラウス・シュワブ会長が、『第四次産業革命』という著書を書いているほどで、会議全体に共通する課題であったことは確かである。

先行きが不透明な時代の到来で、世界がどうなるかという不安感が蔓延（まんえん）していた。ダボスの地で、各国のトップと語らう中で、あらためて私が確信したのが「日本にこそ、その答えがある」ということだった。

共生の精神

その答えの一つが、「共生の精神」である。

すでに旧聞に属する類の話になったが、『不都合な真実』（二〇〇六年）という映画作品があった。環境問題に警鐘を鳴らしたもので、アル・ゴア元アメリカ副大統領が出演して、ノーベル平和賞を受賞したことでも知られている。映画自体は大変優れたものだったが、人類の変化につながったかと言えば、そこまでは達していない。国レベルでは、「我が国の話ではない。したがって関係ない」と思われてしまっている。地球規模で言うなら、「国家間のエゴ」にしか過ぎない主張を、それぞれの国家が正当な主張と勘違いしたままなのだ。

こうした問題を解決するには、国家間のエゴを超えた「思想」が出てこない限り、解消されない。「自分は快適な生活を送るが、他所の国の方々は環境問題をしっかりクリアして欲しい」という個人のエゴの積み重ねが、人類全体のエゴになってしまっている。ここから発生する価値観の押し付け合いは、一神教的な「自分たちの考え方のみが正しい」という一種の原理主義に裏打ちされているので、絡まった糸をほぐす手立ては残念ながらほとんどない。

言うまでもなく、こうした姿勢では関係性は崩壊する。一つの価値観で世界を一色にする企ては、どんな時代でも通用しない。そこに闘争や戦争が起こることは歴史が証明している。

このような状況で最も期待されるのが、我が国の持っている「共生の精神」だと言えるのである。歴史的に見ても、日本は「価値観を押し付ける」といった姿勢をほとんど持たない、稀有（けう）な国なのだ。いつの時代も、異なる宗教、哲学、思想が入ってきても、その都度（つど）、咀嚼（そしゃく）して吸収してきた。日本人の自然観、宗教観、死生観の奥行きの深さ、幅の広さは、こうしたさまざまな文化を受容（じゅよう）して、我がものとしてきたことの帰結（きけつ）なのだ。

このように「共生の精神」で文明を創ってきた日本人の精神性こそが、共生の中で、互いを認め合いながら、生かしあいながら、迫り来る「不安の時代」である第四次産業革命、大転換期の時代を乗り越えていく鍵になるのである。

第5章

世界の中の日本

国家安全保障と経済安全保障

ジャック・アタリやエマニュエル・トッドなどの卓越した知性が喝破したように、「国家安全保障」と「経済安全保障」は複雑に絡み合っている。両者をリンケージした思考が求められている。特に、グローバル化した経済状況下で、その新思考外交が求められている。

本章では、最初に、我が国が直面している安全保障問題に言及してから、経済安全保障に係る細目を私の「政策提言」として詳述していきたい。政治家・下村博文の『総合的な政策論』だと自負しているものである。

我々は生き残れるか

新型コロナウイルス感染症の被害状況は、米国、ブラジル、インドなどの国々において深刻であるが、過去に起きたパンデミックを振り返るなら、今後も予断を許さないことは言をまたない。一九一八年のスペイン風邪では、およそ五千万人が死亡し、第一次世界大戦の戦死者千六百万人を上回った。これが戦争を終結させたとも言われる。その結果、国際協調路線が生まれ、国際連盟が発足した。今回のパンデミックでも短期的には自国第一主義が露わになり、国内回帰の動きも出ているが、中長期的には人類が同じ課題に直面する以上、相互に協力していかねばならず、結局は国際協調とグローバル化の動きが相互的に加速されるであろう。

また新型コロナウイルスは、時代の変化を一気に加速させた。今回の我が国の対応において、何が遅れ、何が欠けていたのか。その答えは、日本社会におけるデジタル化の遅れ、従来型の働き方の分析に基づく、対応策と解決策を打ち出すなかに見出せるはずである。

その答えを、国家あるいは個々人が実際の行動に移すことが肝要だが、もしこれができない従来通りの日本であるなら、国家として衰退していくことになる。

国家が滅びるのは、外的要因ではなく、内的要因が基本にあるからだ。

大きな環境変化に対し、どうすれば我々は生き残れるか。ダーウィンの『進化論』には、「最も強いものが生き残るのではなく、最も賢いものが生き延びるのでもない。唯一生き残ることが出来るのは、変化できるものである」とある。

今、日本に必要なのは環境に適応した変化なのではないか。

国家戦略とはなにか

これからの日本の国家戦略をどのように考えたらよいか？　国家戦略とは「軍事に限定されず、官庁や企業、大学・研究機関など各組織が、国家と国民の将来を見つめ、長期的な運営の方策や目標を達成するためのシナリオ」である。様々な問題への対処を国家、国民のために考え、現状はどうなっているのか分析するのが国家戦略である。

二〇二一年一月二十日、第四十六代米国大統領にジョー・バイデン氏が就任した。バイデン氏は、オバマ政権下での副大統領時代、東日本大震災の被災地を「トモダチ作戦」の一環（いっかん）として訪問している。おりしも震災から十年の今年、我が国が最も苦しかった時の友人が米国大統領に就任したことに深い感慨（かんがい）を覚（おぼ）える。

歴史を振り返れば、安倍晋三（あべしんぞう）前総理とトランプ前大統領の関係をはじめ、日米首脳間の個人的関係の濃淡（のうたん）が日米の二国間関係に直結し、蜜月（みつげつ）と呼ばれる強固な関係を構築してきた。日米同盟のさらなる強化のためには、時の総理大臣と大統領の首脳間の良好な関係が欠かせない。

一方で、近年、隣国である中国による不透明な軍拡、海洋進出、力を背景にした一方的な現状変更の試みがなされ、そのいずれもが一層顕著になっており、大きな危機感を覚えるほかない。

特に、尖閣諸島周辺海域では中国海警局の航行が常態化しており、二〇二〇年一年間の接続水域での航行は三百三十三日と過去最悪を記録した。中国海警局のいわば第二海軍化は、着実に進んでいる。二〇二一年一月には、武器使用も含め、海警局の権限を規定する法律が中国で施行された。今後、起こり得る不測の事態に備え、海上保安庁の体制や警察、海保、自衛隊の連携のあり方をいま一度検証、強化するなど、我が国の対応が急務である。

中国国内に目を転ずれば、チベット、ウイグル、香港などにおいて深刻な人権侵害が生じており、決して看過できない状況である。

韓国との関係も問題が山積している。

最近は、音楽界でＫ－ＰＯＰが世界を席巻しており、我が国でもＮｉｚｉＵをプロデュースしたＪ・Ｙ・パークさん、あるいはヒップホップグループのＢＴＳなど、若者を中心に大人気である。韓国に好意を抱く日本人も多く、大いに歓迎すべきことに思う。

しかし、国家と国家の関係は別物である。現下の戦後最悪ともいえる冷え切った二国間関係は、韓国政府による度重なる国際法違反、さらには国際合意の反故が原因と断じざるを得ない。

慰安婦問題に加え、旧朝鮮半島出身労働者問題から竹島問題まで、韓国は国際法違反を繰り返している。我が国としては、国際世論の形成に努め、国際司法の場で争うことも視野に入れて準備を進めるべきである。

そして北朝鮮のミサイル、核問題とは別に、拉致被害者の問題には胸が張り裂ける思いである。いまだ帰国が実現していない現状には、一人の政治家として、日本人として言葉もない。何としてもわが祖国の地に再び立っていただけるその日を迎えなければならない。

私は、そう念じている。

「超限戦」という新しい戦争

元米空軍将校、ロバート・ラティフ（Robert H.Latiff）が上梓した『フューチャー・ウォー

郵 便 は が き

63円切手を
お貼り
ください

101-0003

東京都千代田区一ツ橋2-4-3
光文恒産ビル2F

（株）飛鳥新社　出版部　読者カード係行

フリガナ	性別　男・女 年齢　　　歳
ご氏名	
フリガナ	
ご住所〒 TEL　　　（　　　　）	
お買い上げの書籍タイトル	
ご職業　1.会社員　2.公務員　3.学生　4.自営業　5.教員　6.自由業 7.主婦　8.その他（　　　　　　　　）	
お買い上げのショップ名　　　　所在地	

★ご記入いただいた個人情報は、弊社出版物の資料目的以外で使用することはありません。

このたびは飛鳥新社の本をご購入いただきありがとうございます。

今後の出版物の参考にさせていただきますので、以下の質問にお答え下さい。ご協力よろしくお願いいたします。

■この本を最初に何でお知りになりましたか

1.新聞広告（　　　　　　新聞）
2.webサイトやSNSを見て（サイト名　　　　　　　　　　　　　）
3.新聞・雑誌の紹介記事を読んで（紙・誌名　　　　　　　　　　）
4.TV・ラジオで　5.書店で実物を見て　6.知人にすすめられて
7.その他（　　　　　　　　　　　　　　　　　　　　　　　　　）

■この本をお買い求めになった動機は何ですか

1.テーマに興味があったので　2.タイトルに惹かれて
3.装丁・帯に惹かれて　4.著者に惹かれて
5.広告・書評に惹かれて　6.その他（　　　　　　　　　　　　　）

■本書へのご意見・ご感想をお聞かせ下さい

■いまあなたが興味を持たれているテーマや人物をお教え下さい

※あなたのご意見・ご感想を新聞・雑誌広告や小社ホームページ上で
1.掲載してもよい　2.掲載しては困る　3.匿名ならよい

ホームページURL http://www.asukashinsha.co.jp

米軍は戦争に勝てるのか?』(新潮社)には、「アメリカ人は戦争を知らない」という衝撃的な言葉が本の帯に掲げられている。世界が最先端技術を駆使して変化していく中で、従来の戦争の概念も変貌を余儀なくされる。同書は、そう遠くない未来に向けての警告の書である。

その中で議論の核心をなしているのが、喬良、王湘穂の共著『超限戦　21世紀の「新しい戦争」』(角川新書)である。二人の著者は中国空軍の軍人。同書は一九九九年二月に出版されたが、まさにこの本で予言されたかのように、二〇〇一年九月十一日、「同時多発テロ」事件が起きた。

『超限戦』の要点をまとめると、次の四点に集約される。

①グローバル化と技術の総合を特徴とする二十一世紀の戦争は、すべての境界と限界を超えた戦争で、これを「超限戦」と呼ぶ。このような戦争では、あらゆるものが手段となり、あらゆる領域が戦場となりうる。すべての兵器と技術が組み合わされ、戦争と非戦争、軍事と非軍事、軍人と非軍人の境界がなくなる。

②まったく新しい戦争の形態——「非軍事の戦争行動」が出現した。それはたとえば、貿

易戦争、金融戦、新テロ戦、生態戦である。新しいテロリズムは、二十一世紀の初頭において、人類社会の安全にとって主要な脅威となる。オサマ・ビンラーディンが指揮したイスラム原理主義組織アル・カーイダ式テロリズムの出現に示されたように「いかなる国家の力であれ、それがどんなに強大でも、ルールのないゲームで優位を占めるのは難しい」。

③一部の貧しい国や弱小国、非国家的戦争の主体は、自分自身より強大な敵（大国の軍隊）に立ち向かうときは、一つの例外もなく非均衡、非対称の戦法を採用している。それは都市ゲリラ戦、テロ戦争、宗教戦、持久戦、インターネット戦などの戦争様式で、往々にして効果が大きい。

④テロリストが自らの行動を、爆破、誘拐、暗殺、ハイジャックといった伝統的なやり口に限定するなら、最も恐ろしい事態には立ち至らない。本当に人々を恐怖に陥(おとしい)れるのは、テロリストとスーパー兵器になりうる各種のハイテク技術との出会いなのである。

このように、『超限戦』は、今起こっている現象を網羅(もうら)的に予言していた本となっている。これを中国の軍人が書いたのだから誰もが瞠目(どうもく)した。

日本に欠けていること

「９・11テロ事件」の後、故・町村信孝氏が、インテリジェンス能力の強化に取り組んでおられた。その結果、町村氏の提案はほとんどが実現したが、残念なことに一つだけ実現していない項目がある。それは、対外情報組織の創設であった。米国で言えばＣＩＡ、英国ならＭＩ６。これが日本にはない。その後、外務省にテロ対策ユニットができて、それが対外情報組織に似た役割を果たしている。外務省も、これなら必要だということが分かってきた。

早期に本格的な組織を創設しておけばよかったのだが、これには時間がかかる。この組織の中核を担うのは、イスラエルを例にとれば、軍人だ。その意味で、我が国でも中核をなすのは自衛隊ということになる。実際、自衛隊は防衛駐在官が外国の日本大使館に出向している。他に外務省、公安調査庁、内閣情報調査室などの協力を得て、対外情報組織を作ることは、現在の日本の国家安全保障にとって極めて重要な課題である。

ここで、「シャープパワー」について触れておきたい。まだ聞きなれない言葉かもしれないが、興味深い概念である。

シャープパワーとは、中国やロシアによる対外世論工作のことで、権威主義国家が、自国の利益と目的達成のために行う対外諜報活動をいう。メディアや政党、政治家、発信力のある個人に豊富な資金で働きかける。最近では、メディアやSNSサービスなどの情報空間、大学や調査機関、映画などのエンターテインメントと、選択的にターゲットを絞ってきている。民主主義社会の開放性を利用した世論操作、選挙干渉などである。

これからは、軍事力や経済力の「ハードパワー」だけでなく、この「シャープパワー」にも注目していく必要がある。

外交の要諦とは

外交と戦争の関係は、軍事力がなければ、外交でも勝利することは覚束ない。日本の防衛は、自衛隊と日米安保条約に基づく米軍の協力で成り立っていることを考えるなら、強力だ。軍事力とは無関係に、すべて話し合えば解決できるという立場からの意見もあるが、それは、あまりにもユートピア的であろう。外交と軍事は、リンクしていると知るべきである。

先にも触れたように、日本を取り巻く外交関係は多難である。中国、韓国、北朝鮮などの近隣諸国との関係が極めて重要である。

日本の防衛政策は、大きな転換期にあるといえる。専守防衛については、中国が積極防衛の立場を採るのであれば、同様に日本も積極防衛で対応する必要がある。中国が日本の積極防衛を批判してきたら、「貴国の積極防衛が許され、日本の積極防衛が許されないなどありえない」と反論すべきだ。

すでに書いたが、最近の軍事情勢の変化で最も顕著なのが中国の台頭である。彼らは相手が弱いと見るや、かさにかかる。反面、日本がどう出てくるか、不安なうちは、危険な冒険主義に走ることもない。最近まで、日米安保条約について、中国が米国に質問すると、「中国にとって、日米安保は良いことだ。これがビンの蓋となり、日本が再び軍国主義になるのを抑えているのだから」と説明していた。しかし、今日はずいぶん状況が変わってきた。

これに関連して、マイケル・ピルズベリーの著書『Ｃｈｉｎａ２０４９　秘密裏に遂行される「世界覇権100年戦略」』（日経BP社）がある。著者はもともと国防省顧問などを歴任し、親中派として活躍したが「100年マラソン」と呼ばれる世界覇権を目指す中国の野望を見抜き、中国への自らの認識が大きな誤りであったことを認めたのだ。CIAでの経験をもとに米国のこれまでの対中政策と中国の本質を赤裸々に暴き、もはやアメリカは中国に太刀打ちできなくなったのではないかというものである。それだけ中国の軍事力が大きくなっているからだ。

朝鮮半島はどうなるのか。統一の可能性はあるのか、ないのか。その時、日本はどう向かい合うべきなのか。そしてロシアとの関係である。依然として日ロ関係に進展は見られない。

日本は、これら厳しい不透明な現実を踏まえて、主体的に考えていかねばならないのである。

日本の防衛体制の整備・強化

日本の防衛体制は今のままで良いのだろうか。はたまた、今後の日米関係はどうあるべきなのか。さらに今後は、日米同盟と多国間の協力関係強化も大事になってくる。

米国戦略国際問題研究所の日米同盟に関する報告書、いわゆる『ナイ・アーミテージ・レポート』には、将来、自衛隊が在日米軍を管理することを提案しているが、基地の管理という点では、そうした案の存在も頭に入れて置く必要がある。そのためにも、自衛隊を含む防衛力の整備・強化が必要である。

次に自衛隊の装備である。このままで本当に大丈夫か。新技術への対応は盤石（ばんじゃく）なのか、真剣に考えなくてはならない。防衛産業も米国、ヨーロッパのように、企業統合を本気で考える時期にさしかかっているかもしれない。先述の『フューチャー・ウォー』では、従来の航空機、火砲、毒ガス、爆弾、化学兵器が、コンピュータ・ウイルス、ネットワーク・ブラウザ、金融派生商品といった未来戦の兵器に取って代わられる。人工知能（ＡＩ）、合成生物学といった最新テクノロジーの世界である。今後は、宇宙、サイバー、電磁波、ドローン、ロボットの活用の時代となる。映画『ターミネーター』の世界が次第に現実味を帯（お）びてくる時代となるのである。

これらの変化を念頭に、日本の防衛政策を考えていかねばならない。

ただし、我が国の場合は大地震や風水害などの自然災害が多く、陸上自衛隊の果たす役割も多いことから、全国各地に部隊をおく必要がある。今後も日本の国際貢献、国際協力は続く。自衛隊によるＰＫＯ、キャパシティビルディング（能力構築支援）、国際緊急援助隊も必要で、自衛隊の資源配分を考えると、アフリカなどはヨーロッパが中心になってやればよいし、日本は重点的な分野をある程度決めて、近隣のアジア中心で進めることが望ましい。

課題の克服

少子高齢化、財源や経済成長などを考えると、自衛官の募集は容易ではない。自衛隊は、自衛隊法第五十三条に則り、防衛省令の定めるところにより「服務の宣誓（私は、我が国の平和と独立を守る自衛隊の使命を自覚し（略）事に臨んでは危険を顧みず、身をもって責務の完遂に務め、もって国民の負託にこたえることを誓います）」が義務付けられていることから、その任務の重さに鑑み、給与面での配慮が必要となる。

また、サイバー攻撃や、これに関連する問題の取り組みには、ＩＴ分野における優れた見識と専門知識を持った人材確保のために、事務次官クラスの給与に匹敵する手当も検討するべきであろう。さらに、コロナ対応のデジタル化推進で、自衛隊でコンピュータ・スキルが身につくアピールも大切なことである。いざという時に「人材確保が難しい」では、国は守れない。一方で、「徴兵制の復活」という意見もあるが、現憲法下での実現は不可能である。

次に、防衛力の増強については、第二次安倍政権以降、毎年防衛費が増額になった。それまで自衛隊の装備は、陸海空自衛隊の積み上げ方式だったが、現在は最初から防衛戦略を決めて、総合的に必要か否かを決めていくことになったのである。

日本経済の低迷

経済力は国力の根幹であり、国家安全保障を考える上で極めて重要な要素である。

国家安全保障は、外交・防衛が重要ということで、安倍総理の時に国家安全保障局（NSC）が発足したが、近年、それに加えて経済力が重要な要素であることが認識されるようになった。そこで国家安全保障局に、二〇二〇年四月に経済安全保障を担当する「経済班」が設置されたわけである。

かつて日本経済が強かった時代、世界における日本の存在感は大きかった。それが現在、米国のＩＴ技術の発展や中国の台頭などで、その影響力が小さくなっている。日本は、平成の三十年間で世界の中での地位を大きく低下させた。

平成元年（一九八九）には、世界時価総額ランキングのトップ企業五〇社のうち三十二社が日本企業だった。その中には、ＮＴＴ、日本興業銀行、住友銀行、富士銀行、第一勧業銀行が一位から五位を占め、その後には七位三菱銀行、九位東京電力、十一位がトヨタ自動車だった。

それが、平成三〇年（二〇一八）では、トップ企業五〇社のうち残っている日本企業はトヨタ自動車が三十五位で一社だけとなった。トップには、アップル、アマゾン・ドットコム、アルファベット（グーグル）マイクロソフト、フェイスブックなどが並ぶ。二〇二一年二月の最新データでは、トヨタ自動車が四十四位になっている。

過去三十年間の先進国の経済成長率は、米国・ＥＵが年率二・五パーセントで、日本は一パーセントとなっている。一九九〇年、ＧＤＰに占める日本の割合は十三・三パーセントだったのが、二〇一九年には五・八パーセントまで落ち込んでいる。日本のＧＤＰの購買力平価では、世界シェアが九％から四％へと低下している。

国民一人当たりの名目ＧＤＰは二〇〇〇年に二位だったのが、二〇一八年には二十六位となった。一人当たり購買力平価ＧＤＰは、（二〇一九年）三十三位となっている。米国六万五二八一ドル、ドイツ五万六〇五二ドルで、日本は四万三二三六ドル（世銀）となっている。

日本の技術力・国際競争力は、一九八九年（平成元年）一位だったのが、二〇二〇年には三十四位になった。生産性も一九九〇年の世界九位が二十八位となっている。

ＧＤＰに対する国の借金比率は世界一高い。

米国への留学生も中国百十万人に対して、日本は二万人弱となっている。

こうした現状をいかに改善させるかが、日本の国家安全保障戦略上からも極めて重要である。

経済安全保障戦略

いかなる国家も常に経済面での優位性を追求してきたし、日本も戦後は経済力の向上に力を注いできた。かつて日本は、国連分担金や政府開発援助（ＯＤＡ）の金額の大きさが外交力強化につながってきた。それが現在の日本では減少傾向にあり、その分、国際社会における外交力影響力の低下につながっている。

歴史を振り返れば、かつてはエネルギーなどの資源をめぐって、国家間で多くの争いが繰り広げられてきた。そのような時代には、国家の生存の基盤を他国に依存することのリスクは、あえて「経済安全保障」と言わずとも明確であった。しかし、最近では国家の生存の基盤をなす分野が資源のみならず、特定の製造能力や技術、さらにはデジタルトランスフォーメーション（ＤＸ）が進む中で、サイバー空間の中にまで広がっている。このような状況の中で国家の独立、生存、そして繁栄を確保し、自由や民主主義、基本的人権の尊重といった普遍的価値やルールに基づく秩序を維持し、同盟国や同じ価値観を共有できる同士国と連携を図っていくためには、より高次の戦略的発想が必要とされる。

世界各国においては、「国家安全保障戦略」の中に経済安全保障を位置づけるようになってきている一方で、我が国においては、経済面からの戦略的な問題意識が比較的希薄であり、そのような環境整備もできていない現状だった。

そこで自由民主党は、こうした認識に立ち、二〇二〇年六月に「新国際秩序創造戦略本部」を設立した。この戦略本部においては、激動する国際社会の中で、我が国の国力を高めるとともに、国益にかなう新たな国際秩序の形成に向けて一翼を担うには何が必要かという点について、精力的に議論を積み重ねた。

国民生活や経済活動を守るためには、どこにネックがあるのかを冷徹に見極め、平時においては代替性などを高めていく努力を尽くし、有事においては、これを担保できるようにしておかなければならない。

国家の未来を切り開く主役は国民であり、民間企業である。そして、今日のように大きな変化が次々に襲い、先を見通すことが困難な時代にあっては、更なるチャレンジ精神が必要で、政府はそれを後押ししてゆくような国家の方針と強靭な時間軸を樹立する必要があるとの思いから、わたくしは様々な提言を示していきたいと思う。

経済安全保障戦略の策定と必要性

日本を取り巻く環境は、急速に変化している。

近年の国境を越えた経済活動の活発化やグローバル化の進展は、国家間の相互依存を深め、世界経済の成長をもたらした。一方で、主要国の相対的な経済力や影響力も大きく変化し、国際間のパワーバランスに大きな変化が生じている。

二〇二〇年からの新型コロナウイルス感染症の蔓延は、何よりも我が国自身が抱える脆弱性や潜在的リスクを改めて我々自身に突きつけた。同時に、国際社会においても、国際協調の流れを生み出す一方で、自国ファーストを至上とするアプローチも広がっており、全体として見るなら、国際社会全体の不確実性は、むしろ拡大している。

日本は、いかなる状況下であれ、国家の存立と国民生活を維持し、繁栄を実現していかねばならない。特に、我が国は今、経済面から日本の独立と生存、および繁栄をいかに確保していくか、そして自由、民主主義、基本的人権の尊重といった普遍的価値や、ルールに基づく秩序をいかに維持していくかについて、包括的・戦略的に考え抜き、明確な時間軸をもって主導的に動いていかなければならない。

我が国においては、かねてから、たとえばエネルギーや食糧などの個別の問題については経済と安全保障の両立という問題意識に立った政策が実施されてきたが、二〇一三年に制定された国家安全保障戦略においては、我が国の国益を経済的な面からいかに実現していくかといった視点が十分に盛り込まれていない。

米国では、二〇一七年に策定された「国家安全保障戦略」において、「経済安全保障は、国家安全保障そのものである」との理念が明記され、その理念の下に、①国内経済の活性化　②自由かつ公正な互恵的経済関係の促進　③研究開発、技術、発明、革新の先導　④国家安全保障革新基盤の促進および保護　⑤エネルギー優越性の確保という五つの柱が置かれている。これは、経済安全保障をより大きな複合的な視点から捉えたものである。

日本においても、我が国の独立性と生存および繁栄を経済面からいかに確保していくかについて明確な戦略を打ち立て、その下で主導的に動いていく必要がある。こうした視点から、政府においては、国内外でいかなる具体的な取り組みが必要であるのかを明確にするとともに、経済的繁栄を実現していくための戦略、いわゆる「経済安全保障戦略」を策定すべきなのである。ここにおいて、自由民主党としての考え方を提唱し、政府に対して、この戦略の策定と実施を求めていきたいと念願する。

我が国が採るべき安全保障上の基本方針

我が国の安全保障を実現するためにはまず、①安全保障上の観点から我が国が置かれた位置づけを分析し、我が国が有するべき戦略的自立性と戦略的不可欠性の具体的内容を把握する必要がある。その上で、②我が国自身の努力で戦略的自立性と戦略的不可欠性を確保していくために必要な戦略・政策を特定し、③これを実現していくために必要なメカニズムを整備していかなければならない。

上記のうち、①は特に重要である。我が国の実体経済を支える基盤である各産業が置かれた状況を客観的に把握し、包括的に評価することなく我が国の経済安全保障を考えることはできないからである。そのような現実認識に立ち、②と③を、順を追って明らかにし、これを明確な戦略として結実させていく必要がある。

このような戦略を打ち立てることによって初めて、民間企業や大学・研究機関を含む全てのステークホルダーの努力を適切な形で後押しすることが可能となる。

また、このような戦略によって、初めて同盟国である米国や、豪州、インド、インド太平洋地域諸国、欧州などの普遍的価値観を共有する同志国との間での意味ある問題意識のすり合わせや、困難に直面する国々に対する効果的な支援を含め、双方にとって利益になる形での適切な協力・連携関係を主導的に構築していくことが可能となる。

さらにその結果として、これらの国々と連携しながら、国益にかなう形でルールに基づく国際秩序を強化していくことも可能となる。

現状の確認と必要な手段の特定

①戦略的自立性の維持・強化

まずは、我が国の国民生活と正常な経済運営を支えるために維持・強化しなければならない産業は何か、それを「戦略基盤産業」と定義し、例えば、エネルギー（電力を含む）、通信、交通、食料、医療、金融（フィンテックを含む）、物流、建設などの基幹的なインフラ産業などである。

これらは政府主導の下、現実的なリスク・シナリオに基づき、各産業が抱える脆弱性や経済安全保障上の課題の把握、分析、そして戦略的自立性を確保するための具体的方策を検討していく必要がある。

その際、たとえば、①備蓄（びちく）可能性（備蓄困難なモノの戦略性は高い）、②代替可能性（緊急時に代替品が入手困難なモノの戦略性は高い）、③供給能力（供給源が限定されるモノの戦略性は高い）、などの観点が重要になる。

「戦略基盤産業」は、政府の役割がより一層重要となる。特に、エネルギー、鉱物資源や食糧については、政府自身が先頭に立ち、資源国との関係強化や自国資源の開発を含め、供給源の多角化を進めていく必要がある。また、「戦略基盤産業」は、社会状況や技術の動向によって変化する未来を見据え、総合的・俯瞰的な視野で不断に見直していくことが重要である。

② 戦略的不可欠性の獲得

その上で、我が国の繁栄を長期的・持続的に支えていくような強みや可能性を有する産業を特定する必要がある。

また、ＤＸの深化と各産業への浸透が進むにつれ、今後、新たな産業分野が生み出される動きも活発化してゆくと考えられ、この点も見極めていく必要がある。

経済安全保障の観点から言えば、こうした分野においては民間企業の活力と努力が主であり、政府の主たる役割は、我が国の長期的・持続的な繁栄の確保という観点から民間企業の努力を強力かつ効果的に後押しすることであり、そのための環境を整えることである。たとえば、企業の国際市場への適切な形での展開の環境整備や支援、貴重な技術の流出防止のための制度構築、国際標準や知的財産権の面での強力なサポート、重要な物資の供給ルートの確保などにおいては、政府のより積極的な役割が期待される。

戦略策定にあたっての考え方

政府においては、以上の考え方に立ち、我が国の経済安全保障、すなわち「我が国の独立と生存および繁栄を経済面から確保すること」を実現するための包括的な戦略を策定すべきである。

その際には、これまで書いてきた諸点に加え、個別の政策について、今後一年から二年程度の短期、五年程度の中期、十年程度の長期と言った時間軸を念頭に、どのようなタイミングで何を実現していくかについても明確にすべきである。我が国を取り巻く経済安全保障環境が急速に変化している。その中で我が国の経済安全保障を着実に強化していくための鍵の一つは、出遅れないことである。

また、経済安全保障戦略を策定し、これを実施していくためには、関係省庁間の問題意識と能力の向上、各省横断的な取り組みの強化が必要であることは当然ながら、民間企業や大学・研究機関も含めた産官学の連携強化も必須(ひっす)である。特に、関係省庁は共通の問題意識の下、所管業界に対する具体的政策措置を主体的に主導していくべきである。

重点的に取り組むべき課題と対策

ここからは、分野ごとに、取り組むべき課題と、その対策の具体的内容を記していくこととする。

(1) 資源・エネルギーの確保

エネルギーは極めて重要な戦略基盤産業であり、国家の責務として、未来がいかなる姿となろうとも、サプライチェーンを含め、必要なエネルギーの安定供給を確保する強靭な体制を構築し、戦略的自立性を追求する必要がある。

この観点から、二〇五〇年カーボンニュートラル実現を前提とする、第六次エネルギー基本計画を策定し、再生可能エネルギーの最大限の導入に挑戦すると同時に、火力の効率化や原子力の持続的な利用システムの構築、テロ攻撃、災害から電力インフラを守るセキュリティ対策、エネルギー供給システムについての対策を進める。

また、脱・二酸化炭素のための革新的な技術開発や国際的なルール形成にも積極的に参画すべきである。さらに、国家の責務として、石油・天然ガスやレアアースなどの重要資源について、サプライチェーンの強靭化などを含む安定供給を図るとともに、国内海洋資源の開発に取り組むことにより戦略的自立性を確保する。

そのうえで、化石燃料から排出される温室効果ガスを削減するためのイノベーション創出や途上国の実態に応じた現実的・段階的な低炭素化への支援、インフラ輸出などにより、資源分野における我が国の戦略的不可欠性の獲得を目指すべきである。

(2) 海洋開発

四方を海で囲まれた日本にとって、国土の保全、国民の安全の確保のために海を守り、経済社会の存立、成長の基盤として、海を活かすことが強く求められている。

まず、海外からの輸入に頼っている石油・天然ガスやレアアースなどの鉱物資源について、産業競争力の強化を図っていく上でも、国際海洋資源の探査・開発や、自立型無人潜水機（AUV）などによる海底調査を推進し、戦略的自立性の確保に貢献すべきである。

また、貿易の九九・六パーセントが海上輸送である我が国にとって、安定的な海上輸送体制を確保し、領海警備に必要な巡視船などの供給基盤を維持するためにも、海運・造船分野における戦略的自立性を高めなければならない。同時に、シーレーン沿岸国との関係強化の観点からも、海上法執行能力の向上、航行安全確保や主要港湾などの開発・運営協力の推進、海上保安体制の強化などを着実に実施する必要がある。

さらに、北極海航路の利用が期待される中で、我が国としては、速やかに砕氷（さいひょう）調査船を建造し、北極海航路の持続可能な利用活用や国際協力などの北極政策を戦略的に推進すべきである。

(3) 食糧安全保障の強化

新型コロナウイルス感染症の影響に伴う、一部の食糧輸出国による穀物などの輸出規制の動き、過剰・違法な漁獲や海洋環境の変化による水産資源の減少により、食料安全保障に関する世界的なリスクは高まっている。我が国の食糧安全保障の強化を図り、将来にわたって国民への食糧供給に万全を期す必要がある。

そのためには、輸入品からの代替が見込まれる小麦・大豆などの増産と加工食品などの原料の国産品への切り替え、水産資源の適切な管理や漁業取締体制の強化などにより、国内生産基盤の強化を図る。

また、日本産品や和牛の遺伝子など知的財産としての管理・保護を強化するとともに、改正種苗法に基づく優良な植物品種の海外流出防止体制を整備することにより、我が国の技術優越の確保を図り、食料分野における我が国の国際競争力を高め、その戦略的不可欠性を維持・発展すべきである。

(4) 金融インフラの整備

金融は経済活動の基盤をなすものであり、経済活動がグローバル化している今日では、国際金融センターはグローバルな経済活動を支えるインフラである。

そのような観点から、確固たる民主主義・法治主義に支えられた安心・安全な拠点としての我が国が、アジア世界の経済発展のかなめである国際金融センターの一つとして機能を発揮することは、経済安全保障上の戦略的自立性・戦略的不可欠性の両面から極めて重要である。そのためには、成長資金の円滑な供給や規制の見直しのほか、海外事業者や高度な外国人材が起業・開業・生活しやすい環境構築を早急に進めるべきである。

中央銀行デジタル通貨（ＣＢＤＣ）については、主要各国中央銀行がＣＢＤＣ発行の検討を加速させており、日本銀行も具体的・実務的な検討を始めたところである。一方で、中国は二〇二〇年十月にデジタル人民元発行に向けた実証実験を成功裏に終えたとされている。

国際通貨システムの安定性を確保し、我が国の国益を守る観点から「ドルのデジタル化」「円のデジタル化」について米国を巻き込んで、ＣＢＤＣ技術に関する国際標準の形成を主導すべきであり、これは戦略的自立性の確保のための高い意義と必要性を有する。

日本銀行は、二〇二一年度から二二年度中までに技術的な検証を行い、これを踏まえ、政府と一体になって制度設計の大枠を決定したうえで、パイロット実験を速やかにスタートし、ＣＢＤＣ発行の実現可能性の検討と一体的に行うべきである。

(5) 情報インフラの整備

デジタルと現実が融合していく社会において、情報通信産業は、我が国の国民生活の存立・国家機能の継続と今後の社会経済の発展のための戦略基盤産業である。

このため、５Ｇネットワーク・光ファイバー網などの情報通信インフラの国内の整備・増強を早急に進めるとともに、戦略的に重要な基幹インフラである海底ケーブルについては、我が国の国際的なデータ流通のハブとしての機能を維持・強化し、衛星通信についても制度的措置を講ずるなど、戦略的自立性を確保すべきである。

フェイクニュースについては、産官学で連携し、実態の正確な把握と対応を多面的に検討する取り組みに注力しつつ、インターネット利用者の安心・安全な利用の確保を図るべきである。

(6) 宇宙開発

経済安全保障における宇宙システムの役割は拡大しており、戦略的自立性と戦略的不可欠性の獲得が求められる。

安全保障を始め、重要ニーズに対応する、小型衛星コンステレーションも含めた国産衛星の開発加速、宇宙市場の創造と拡大、サプライチェーンリスク対策、宇宙の機能保障の早期確立、経済活動を支える各宇宙システムの更なる整備と将来の宇宙開発に必要な関連技術の開発により、宇宙技術開発の加速と宇宙産業の裾野拡大を図るべきである。

また、国産の宇宙状況監視プラットフォームの構築・管理・運用により、戦略的自立性を確保するのみならず、もってインド太平洋地域の監視体制や宇宙交通管制の国際ルール作りを主導する戦略的不可欠性を獲得すべきである。

さらに、宇宙空間の取得資源に権利を認める法整備などの国際的なルール創りの主導や、自由で開かれたインド太平洋構想の関係諸国との宇宙協力の推進など、積極的な国際連携を図るべきである。

(7) サイバーセキュリティの強化

情報通信インフラは、我が国の国民生活の存立・国家機能の継続と今後の社会経済の発展にとっての基盤であるが、サイバー攻撃などの被害が安全保障上の脅威となっている中、安心・安全で信頼できるサイバー空間を自ら実現し維持していくことは、我が国の戦略的自立性の面から焦眉（しょうび）の急（きゅう）とも言い得る課題である。

デジタル製品の開発・製造・設置・保守・管理・廃棄などの過程で、情報の窃取（せっしゅ）・破壊や悪意ある機能が組み込まれる「サプライチェーンリスク」について、脆弱性の把握、信頼のおけない機器への依存回避など対策を講じることが不可欠である。

サイバーセキュリティ関連情報の取り扱いの明確化やサイバーセキュリティ情報を国内で収集・分析ができる環境整備を早急に実現すべきである。

(8) リアルデータの利活用推進

バーチャルデータについてＧＡＦＡなどの海外勢が先んじて囲い込みを進める中、我が国としてリアルデータの利活用を加速し、その戦略的自立性を確保することが急務である。

政府は、我が国におけるリアルデータに関するデータプラットフォームの構築やデータ取引市場の整備促進に向け、データ流通の様々な阻害（そがい）要因を払拭（ふっしょく）するために、リアルデータに関する取扱いルールの整備を加速すべきである。

特に、我が国がＧ20で提唱した「信頼性のある自由なデータ流通（ＤＦＦＴ）」の推進方法を具体化し、産業データの利活用に関する国際ルールの形成を主導し、我が国の国益を追求するためにも、二〇二一年に法整備を目指す欧州に先駆けて、我が国として実効性のあるルール整備を行うことが必須である。政府はこうした視点を「データ戦略」に盛り込むとともに、どのような形態で整備するかを含め、迅速な検討をすべきである。

(9) サプライチェーンの多元化・強靭化

サプライチェーンの多元化・強靭化は、我が国の戦略的自立性の確保のために必須である。政府は、生産拠点の集中度が高い製品・部素材や、国民が健康な生活を送る上で重要な製品の国内拠点整備や海外生産拠点の多元化への支援を図り、それらの戦略的自立性を確保すべきである。

このためには、民間部門におけるすべての業務プロセスについての見直しが不可欠である。政府は、民間部門に対してサプライチェーンの多元化・強靭化に資する見直しを働きかけるとともに、必要となる構造改革を目的としたDX投資について、税制などを含めて促進すべきである。加えて、空港や港湾へのアクセス道路の整備や国際コンテナ戦略港湾の機能強化なども進めて、サプライチェーンの強靭化と生産性を向上させ、戦略的自立性を強化すべきである。

⑽ 我が国の技術優越の確保・維持

政府は、我が国の有する技術上の強みや弱みを適切に把握し、戦略的自立性の観点から適切に保全すべき戦略基盤産業や、戦略的不可欠性を獲得・育成すべき産業を考慮しつつ、国家安全保障の観点から保全と育成をすべき分野を速やかに指定し、技術優越の確保・維持を図るべき具体的な重要技術を特定すべきである。

その上で、特定された重要技術のうち機微（きび）な技術に関しては、政府資金が投入された研究開発成果の公開のあり方についての政府横断的な判断の枠組みの検討、特許出願公開・特許公表に関する制度面を含む検討、保全や育成のための予算や人材などのリソースの重点配分、国際連携の強化、さらに機微情報の取り扱いにかかわる資格のあり方（セキュリティ・クリアランス）といった保全措置の制度化を含む検討を進めるべきである。

政府は、研究の健全性・公正性（研究インテグリティ）確保のための基本的な考え方を整理し、研究コミュニティからの意見も踏まえつつ、公的研究資金の申請時に外国資金などの受け入れ状況の開示のあり方などを早急に検討すべきである。加えて、政府は、産官学の連携によって、大学・研究機関・企業などにおける機微な技術情報の管理体制を一層強化するとともに、留学生や外国人研究者などの受け入れ審査を強化しつつ、デジタル化や省庁間連携を図って、より効果的・効率的なものとすべきである。

また、政府は、安全保障貿易管理については、新たな国際環境への機動的対応、ビジネスの安定性、公平な競争環境を確保する観点から、我が国のイニシアチブにより、同志国間の連携強化を図り、国際レジームを補完する形での新たな対応を検討すべきである。

⑾ イノベーション力の向上

イノベーションを生み出す力は、我が国の戦略的自立性を確立し、戦略的不可欠性を獲得するための根源であることは、これまでも書いてきた。

地球規模の社会課題の解決と新たな国際秩序を先導するためには、トランス・サイエンスが重要である。しかし現状は大学・研究機関などのアカデミアから政治・行政への助言の仕組みが十分とは言えないため、国家ガバナンス上の正当性を担保する政治とアカデミアの合理的関係の構築に向けて、既存のアカデミアの機能検証、構造問題の解決に向けた最適な組織のあり方の検討、政治・行政とアカデミアの相互リテラシー確保などのための制度・機能の検討を進めるべきである。

また、半導体は、デジタル社会を支える重要基盤・安全保障に直結する戦略技術として死活的に重要である。先端半導体イノベーション立国を目指し、政府は、先端技術の把握、研究開発、量産工場の国内立地促進、国内デジタル投資の拡大や海外市場の開拓、機微な技術の管理、同志国との協調・国際連携など国内外が一体となったあらゆる施策を総動員し、戦略的自立性と戦略的不可欠性を強化・獲得すべきである。

さらに、ＡＩ、量子技術、環境、バイオ、マテリアルなどの主要分野において、戦略的かつ集中的なリソースの投下によるイノベーション力の向上と技術優越の確保・維持を全力で図るべきである。また、政府は、早期実装化に向けたグローバル市場創出、重要技術の特定、人材確保、技術流出防止および研究成果の取り扱いなどに関する検討など、必要な措置を早急に講じ、必要に応じた既存の技術戦略の改定を検討すべきである。

特に量子力学については、国内外から人材や投資を結集させるべく、量子技術拠点の形成を進めるべきである。また、マテリアルは科学技術・イノベーションの基盤技術であり、国際競争が熾烈になっていることから「マテリアル革新力」を強化するための政府戦略を策定すべきである。

⑿ 大規模感染症への対策

新型コロナウイルス感染症の世界的流行を通じ、国民の生命、身体の安全確保、経済社会活動の継続のためには、医療分野における我が国の戦略的自立性の強化が不可欠であることが改めて認識された。

政府は、感染症治療薬やワクチンに関し、国内における研究開発の強化、安全性・有効性を確保しつつ迅速・早期の承認審査を進めるための取り組み継続、政府による買い上げなどによる数量の確保と接種の実施体制の構築支援、サプライチェーンや国内在庫を意識した安定確保を進めるべきである。また、医療用物資については、個人用の防護具などの国や自治体における備蓄推進、重要資材の買い取り保障などによる安定的供給体制の確保、医療用物資の国内生産体制・日本企業による海外生産体制の増強により、国内供給体制の整備を急ぐ。

さらに、大規模感染症対策の司令塔としての内閣の危機管理体制強化を始め、国立感染症研究所の機能・体制の強化や、国からの専門職の派遣、情報収集の効率化・機能強化などにより、新たな大規模感染症流行に備えた国家ガバナンスの強化を進めることが焦眉の急であろう。

⒀ インフラ輸出

新型コロナウイルス感染症の収束後の国際環境も踏まえ、自由で開かれたインド太平洋（ＦＯＩＰ）のヴィジョンを共有するパートナー国との連携を一層強化し、我が国の戦略的不可欠性をさらに向上させていく。

具体的には、海洋安全保障・連結性向上・法の支配強化などの重点分野に関する案件を中心に、ハードインフラ支援での公的支援ツールの連携と国による適切なリスク管理体制の強化、ソフトインフラ支援での重要性が高まった医療・保健・公衆衛生などの協力・海外展開などを戦略的に進めるべきである。

また、インド太平洋を中心とした重要地域を対象とするＦＯＩＰ実現の観点を含む支援方針を早急に検討する必要がある。支援展開のツールとしては、ＯＤＡを始めとする我が国の持つ様々な公的資金・支援スキームを広く戦略的に活用する。具体的には、ＡＳＥＡＮにおいて、廉潔性（れんけつせい）強化に資するプロジェクトを支援するとともに、人材育成を着実に行うべきである。

また、コロナ禍による環境変化を踏まえ、貿易保険の支援強化を検討するとともに、国際協力銀行（ＪＢＩＣ）、海外交通・都市開発事業支援機構（ＪＯＩＮ）、海外通信・放送・

郵便事業支援機構（ＪＩＣＴ）など多様なファイナンスメニューを積極活用するべきである。さらに、ＯＤＡ卒業国にはＪＩＣＡが行う支援に関して、国際ルールとの整合性を含む考え方を早急に検討し、結論を得るべきである。

⒁ 国際機関を通じたルール形成への関与

国際機関の中立性・公平性が歪められ、誤った国際ルールの形成が行われないよう、同志国との連携を強化するとともに、我が国自身の国際機関におけるプレゼンスをさらに強化し、国際秩序・ルール形成を主導すべきである。

国際機関に関しては、省庁横断的な司令塔機能の創設と長期戦略の策定、同志国との連携・グループ形成および国際機関に対する拠出金の効果的な活用といった、長期的な視点に立った戦略的アプローチを採るべきである。人的側面では、国際機関に職員を送り出す省庁の定員・ポストは通常の定員とは別枠で確保するとともに、語学習得や学位取得の支援による国際機関の職員候補となる人材の育成や、一般職・専門職人材の登用（とうよう）および国際機関のトップへの閣僚経験者の登用を検討するなど、国際機関における邦人職員の増強に取り組む。

自由で公正な経済秩序・ルール形成において、日本がリーダーシップを発揮することが求められる。特に、国際的なデータガバナンスについては、これまで国際的な規律が存在しないなか、我が国は日米、日ＥＵ、ＴＰＰなど、国際的なデジタルルールを形成してきた。米国とＥＵをブリッジしうる、ユニークな立ち位置にあるという戦略的不可欠性を強化・活用し、同志国と連携して、ＤＦＦＴ（信頼性のある自由なデータ流通）を具現化し、データの円滑な越境流通を実現する国際標準の実現を図ることが重要である。

⒂ 経済インテリジェンス能力の強化

日本の独立と生存、繁栄を経済面から確保していくためには、それを支える経済インテリジェンス能力の強化が求められる。このため、インテリジェンスコミュニティの情報収集・分析・集約・共有などの能力と連携の強化を進めるとともに、経済安全保障にかかわる国家安全保障局の政策立案・総合調整機能の強化と各省庁における体制の強化を図るべきである。また、政府において機微な技術を保有する民間企業や大学・研究機関との連携を強化する枠組みを構築し、民間企業における経済インテリジェンスの機能強化を図ることが肝要である。こうした我が国自身による情報機能強化に加え、ファイブ・アイズ（Five

Eyes）への参画を含む国際連携の深化や、体制の強化を追求することが急務である。

以上が、「経済安全保障戦略」の骨格である。

かなりの細目にわたっているが、我が国が国家の存亡をかけて、国民の安寧と平和、領土と領海の保全のために、ぜひとも実現しなくてはならない最重要課題であると確信している。

「軍事技術＝悪」が日本の経済成長を止めた

冷戦時には秘密とされていた情報衛星の技術、あるいは携帯電話やスマートフォンなど二〇〇〇年代を牽引してきた新技術の多くは、「軍事技術の民間転用」である。つまり世界では、軍事技術が経済成長を引っ張っているといってもよい。

しかし、戦後の日本ではこれが許されなかった。「軍事技術＝悪」ということの考えは、日本国憲法第九条でうたった、以下の条文が浸透しているからである。

《日本国民は、正義と秩序を基調とする国際平和を誠実に希求し、国権の発動たる戦争と、

武力による威嚇又は武力の行使は、国際紛争を解決する手段としては、永久にこれを放棄する》

《前項の目的を達するため、陸海空軍その他の戦力は、これを保持しない。国の交戦権は、これを認めない》

第九条では、武力と戦力の放棄を宣言している。だから軍事技術を是としない。つまり平成の三〇年間で日本経済が衰退した原因は、憲法にあるといえるのである。

不戦を誓った憲法第九条は、耳当たりのよい条文である。

しかし、慶應義塾大学塾長を務めた小泉信三氏は生前、「平和というのはただ平和、平和と口で言うだけでは達成されないので、平和を破るような行為を阻止する手段を講じることが必要なのだ」と語っている。第九条を有難がっていればよいという話ではない。

最近注目された日本学術会議も、軍事研究を否定して、日本の科学技術発展を阻害していることが明らかになった。

新型コロナウイルス以前の日本経済の実質成長率は年間一・三パーセント。この成長率は、日本が国家と承認している百四十五カ国のなかで百三十六番目の数字だ。世界第二位だった一人当たりの名目ＧＤＰ（国内総生産）も、二〇一八年には二十六位に転落している。

いまこそ、「軍事技術＝悪」という愚かな考えは捨て、「現状維持は後退を意味する」ことを認識すべきである。そして、日本も新たな挑戦をし、科学技術開発を続ける世界の流れについていかなくてはならない。

米国の技術革新と軍事技術

一九七三年に、米国・国防総省によってナブスター・システムが導入された。このシステムの目的は、米軍に正確なナビゲーション情報を提供であった。この技術開発は、アインシュタインの相対性理論を研究する物理学者だった。

国防総省は、この研究にもとづいて通信衛星群を構築し、兵器のための精密なナビゲーションと誘導を可能にした。これがのちにグローバル・ポジショニング・システム（GPS）と一般的に呼ばれるようになり、日常生活の一部として定着していった。一九六〇年代、米国の極秘研究機関は、データを迅速に共有するための安全な方法を必要としていた。そこで、国防総省の高等研究計画局（ARPA）は、電話回線上のデータ移行に関する即知の理論をはじめて応用し、データ共有のためのシステムを作った。それをもとに開発されたＡＲＰＡＮＥＴが、インターネットへと発展した。

スマートフォンについて、携帯電話は、一九八五年に米陸軍ではじめて使われるようになった。その後、国家偵察局（ＮＲＯ）が携帯電話にカメラを取りつけ、偵察衛星経由で画像を送信できるようになった。携帯電話のＧＰＳ機能は米空軍によってはじめに考案・実用化され、リチウムイオン電池はエネルギー省によって開発され、インターネットは国防総省・高等研究計画局によって生みだされた。

スマホに搭載されているのは数々の軍用ハードウェアであり、その多くは大学で研究され、企業によって武器や製品として開発されたものである。こうした技術革新は、軍事との関係を抜きにして成り立たない。

先にも述べたが、株価を見ても分かるように、いま世界で主流の産業は製造業ではなく、新技術である情報・データ関連の技術こそが主流となっている。次五世代（５Ｇ）移動通信システムネットワークはその代表だ。

この先、「５Ｇ」の主導権は米国が握るのか。それとも中国が握るのか……。そんななか、日本は現憲法のままで良いはずがないのが現実だ。

第6章

自由民主党という政党

責任ある政治

私が、自民党に入った動機は、極めて明瞭だった。一言でいうなら、自民党でなければ「責任ある政治」を実現することは難しいと思われたのである。それは、私にとっては「自明」のことでもあった。

もともと、私が政治家を志した頃は、自民党と社会党が二大政党といわれた時代である。いわゆる「五五年体制」であった。

私の青春時代、我が自民党は、「三角大福中」と称された一画期の時代である。佐藤栄作長期政権が終わりを告げた後、田中角栄、三木武夫、福田赳夫、大平正芳、中曽根康弘といった綺羅星のごとき政治家たちが、覇を唱え、拮抗し、政権を奪取して、受け継いでいた。いわば、与党内での「政権交代」が行われていた。

青少年時代から「政治家」になることを夢見て志していた私の目に、当時の宰相たちは崇敬と憧れの対象であった。個性的なお顔つきとともに懐かしく思い出される。余談になるが、私の政治への憧憬、政治家への尊敬の念は、生まれ育った群馬県の県民性、風土性とも大きく密接な関係がある。ご承知のように、群馬県は四人もの総理大臣を輩出した土地柄がある。政治家は、県民から期待と尊崇の念をもって遇されている。戦後、一般論から言えば、政治家は国民から一定の距離感をもって、半ば冷ややかな目で見られてきたのとは、趣を異にしていた。

自然と私も、政治家に親しみと敬愛の情を抱くよう育まれていた。フランスのことわざにあるように、国民は、所詮、己の民度に見合った政治しか、手に入れることはできない。政治家を大切に育てるなら、国民を大切にする政治を得ることが可能になる。

さて、すでに述べたように、当時は、まだ中選挙区制で、一つの選挙区から複数の自民党代議士が当選するのが当たり前、同じ自民党から立候補した者同士が、鍔迫り合いを演じることもあった。その中で画然とグループに分かれて政策を競い、自民党内部で「疑似政権交代」が行われていたような時代である。当然、派閥の合従連衡が日常茶飯事、派閥の領袖たるものは、物心両面で子分たちの面倒を見なければならなかった。派閥全盛期といえよう。当然、世の中の風当たりは強く、左派新聞は連日、派閥の弊害ばかりを嘆いていた。

もちろん、ものごとには良い面と悪い面がある。派閥にもまた効用はある。総理大臣が交代するごとに、新たな独自性ある政策が掲げられて実行された。首相の母体である派閥が異なると、政権の持つ特徴にも変化がある。日本の政治にバランスと良識を維持できた背景には、異なる派閥による政権交代が存在していたといえよう。

派閥の存在意義

私が衆議院議員になった一九九六年には、すでに中選挙区制は廃止、小選挙区制が導入されていた。私は、その最初の選挙で国政へ参画し、衆議院議員としてのスタートを切ったのである。

私が所属している清和研（旧・清和会）は、岸（信介）派をルーツとしていることからも明らかなように、タカ派としての性格を備えている。池田勇人、大平正芳などの首相を輩出し、今は岸田派の宏池会は、ハト派の志向が強い。

自民党のどの派閥の領袖が総理になるかによって、経済に力の入る政権となったり、外交や安全保障に力点が置かれたり、様々に変化する。今もその名残はあるが、小選挙区制に移行してからは、派閥単位で何かが変わるというより、やはり自民党の執行部が非常に強くなった部分がある。つまり、立候補者の公認権も党が握っているので、かつてほど派閥の力が前面に出ることはない。それでもやはり「人が三人以上集まれば、派閥ができる」と言われるように、派閥は存在し続けている。

一九七〇年代以降、派閥政治に国民的な批判が高まり、政治資金規正法など法律も制定され、今の派閥は維持するにも資金的に難しい問題がある。カネにまつわるスキャンダルも手伝い、政党助成金が生まれて、ある意味では政党のお金も公費として、全部とは言い難いが、賄（まかな）うことができる部分が生まれた。反比例して派閥の持っていた資金力は減じている。

派閥の持つ意義や意味の一つに、人材育成が挙げられる。派閥は、若手議員の教育もしてきたのである。それをいまでは党が行っているが、まだ十分とは言えない。

今、自民党における最大派閥は清和研だが、それでは、第二の派閥はどこかと言えば、無派閥という派閥が実際には二番目に多いわけで、派閥に属していない人もたくさんいる。派閥の効用は、次第に薄らいで、むしろ派閥に縛られない人が増えてきているようなのである。

その象徴的な政治家が、菅総理なのである。これまでの自民党の歴史の中で、無派閥で総理大臣になった、おそらく初めてのケースではないだろうか。

事程左様に、派閥の存在意義は、総理の座を目指していく者が、自分の仲間を増やすためのものであった。同じ傾向の政治信条を持つ者で、人間関係の強固な組織を作り上げていく集団で、昔の田中角栄が率いた田中派、現在の平成研（旧・経世会）は、かつて「鉄の団結」を誇ったのである。

派閥についてのとかくの批判はともかく、資金力では難しくなっていることは間違いないにせよ、人材育成の面では重要だろうと思っているし、選挙互助会的に互いを助け合い協力し合うという意味では必要だろうと感じている。派閥の今後は、マイナス面をあげつらうより、プラス面をどう生かしていくかにかかっていると思う。

小泉純一郎と派閥

「自民党をぶっ壊す」と言って、総理大臣になったのが、小泉純一郎という類まれな政治家であった。総理になった当時、「派閥解消」とか、一見、派閥には無関心で冷淡な印象を読者は持たれておいでではないだろうか。しかし、実は決してそうではない。私の見るところ、事実は、最も派閥的な人だった。

小泉さんが、清和会の会長をされていた頃、月に一度、誕生会を開催した。その月に生まれた人たちのお祝いをするのである。

しかし、当時、昔ほどには潤沢にカネを使って贅沢な祝宴を張ることは叶わず、赤坂で有名な料亭「口悦」の高いほうの部屋ではなく、安価に借りられる二次会用の狭い部屋を使って、一人一万円程度の会費で行っていた。出入りは自由、そこでどれほど多くの人々が、人間関係を築き、情報交換を行っていたことだろう。

当時、他の派閥で、そんな誕生日会を行っていたところはない。

小泉さんは、演説での派閥への過激な物言いとは裏腹に、それほど派閥の仲間たちへの思いが強かった人なのである。

小泉純一郎という政治家は、それほどまでに清和会という派閥を大切にしていた。

第一次安倍内閣　総裁選を回想する

第一次安倍政権成立の折りに、私は安倍政権で官房副長官を拝命していた。

安倍晋三氏には、当選三回、四回目あたりから、派閥内ではかなりの期待感が集まっていた。私も「本物の保守政治家」として安倍氏には瞠目していた。

ただし、当時、派閥の実力者だった森喜朗さんには「まだ、早い」とのお気持ちが強く、先に福田康夫氏を推していることも明らかだった。慎重論も根強かった。しかし、若手のなかでは、当選回数や年齢で選ぶのではなく、能力に長けた人を総理として担ぐべきではないかという気分が次第に醸成されていたことも事実なのである。この「人物本位で行く」という思いは、私の中ではほぼ固まっていたと言える。

しかし、そのときは、清和研の派閥としてのバックアップはそう期待できなかった。若手を中心とする派閥横断的な「再チャレンジ支援議員連盟」という議連を立ち上げて、ここが安倍応援団の中核組織として機能することになった。

議連の設立は、若手が安倍氏に対して行った進言、出身派閥の森派（現・細田派＝清和研）に頼らずに、超派閥で臨むべきとの進言によって、なされたのである。会長には石破派の番頭役だった山本有二氏が就任、菅氏が幹事長に就いた。

そこでは、純粋に政策本位の旗印とすることで議連への参画のハードルを低くし得たし、派閥からの締めつけをかわすことも容易になった。さらに言うなら、仲間になった議員の囲い込みすら可能になったのである。脱派閥を謳い、派閥色を消したため、世論の反応も極めて良かった。今一つ、世代交代を旗幟鮮明にするため、衆院の参加者は当選六回以下、参院は二回以下の議員に絞って、長老・ベテラン議員に広がりを見せていた福田康夫氏に効果的な対抗姿勢をとることができた。

発足総会には、九十四名の国会議員が集まった。福田氏は、この太く大きな流れを前にして、出馬を断念した。

清和会は、後からついてきた。最初から「清和会を挙げて」という態勢ではなかった。

安倍氏、再登板への道

二回目に安倍氏が総裁選に手を挙げた時、私はその渦中に身を置くことになった。この時の清和会は、町村派になっていた。

二〇一二年九月十二日、当時の谷垣禎一総裁の任期満了に伴って行われる自民党総裁選挙への出馬を安倍氏は表明した。すでに、清和会会長の町村信孝氏が出馬の意向を表していたこともあり、森前会長からは安倍氏に慎重な対応を取るように申し渡されていたが、先輩方お二人の意向をあえて押し切った形での出馬表明だった。

派閥の大勢としては、町村会長が出たいと言うのであれば、会長の意向は尊重されるのが当然であるとされた。安倍氏は、五年前の首相辞任の経緯がまだ国民の間にマイナスイメージを残しているので、時期尚早と思われていた。派閥の大半の議員は反対した。清話研の中で「時代は、再び安倍晋三を求めている」としたのは、私を含め、わずか十人にも満たなかった。大勢は、町村氏だった。

この時の総裁選は、しかし、一般のマスコミの報道では「石・石の戦い」であった。党員の人気が高かった石破茂氏と党内で重鎮の支持を得た石原伸晃氏の一騎打ちと見られていたのだ。安倍氏は、明らかに後塵を拝していた。しかし、こうしたなかで、麻生派と高村派が安倍氏支持を表明し、追い風となり、にわかに形勢は逆転しつつあった。一方で町村氏は総裁選の途中で体調を崩し、一回目の投票を終えた時点で、総裁選活動の中止を余儀なくされた。

総裁選挙では、一回目の投票で二位になると、決選投票において石破氏を逆転、勝利した。この時は、党員得票のトップが石破氏。国会議員票の一位が石原氏。安倍氏は両方とも二位だった。これらの票を足すと、一位が石破氏、二位が安倍氏ということで、決選投票となった。ここに至り、清和研も一致団結して一本化してまとまり、派閥のパワーを見せつけた。

安倍氏が総理になり、最初の内閣で、私は官房副長官を拝命した。第二次安倍内閣では、念願が叶（かな）い、文部科学大臣に就任する。

党改革の必要性

私は、基本的に自民党がしっかりしなければ、日本の行く末は危うくなると考えている。だが、どんな組織も、どんな人物も、長く権力の座にいると、やはり傲（おご）りが生まれてくる。それが、過去の自民党にもなかったとは言えない。その結果、自民党は二度（細川連立政権、民主党政権）野に下って、権力の座から滑（すべ）り落ちた。言うべからざる「塗炭（とたん）の苦しみ」をなめたのである。それが身に染（し）みた。国民に寄り添うこと、国民視点で政治を行う視点を知り得たことは、今は結果として非常に良かったと思っている。

ただ、最近、危惧（きぐ）しているのは、このところの衆議院議員三期までは、安倍政権の追い風を受けて当選してきた議員たちである。フォローの風しか知らず、苦労しないで議員となった一期生から三期生までで、総数の半分くらいを占めるようになってきた。しかし、次の選挙でフォローの風が吹くとは限らない。彼らの足腰をどう鍛えていくかを真剣に考えなくてはならない時期にさしかかっている。

これには、真剣な党改革が必要とされる。そして、若手の育成。すでに述べたように、派閥が責任をもって若手の教育を行う時代は過ぎ去っている。そもそも無派閥の議員が増えている現況では、代替策を早急に打ち出さねばならない。党は、もっとしっかりとしたガバナンスを利かせる必要がある。

そして、女性の登用である。私は、選挙対策委員長の時に、女性候補三割、女性議員を三割にするというクオータ制を提起した。これまでの自民党は、良くも悪くも男性社会であった。このままでは、明らかに時代感覚との間に深刻なズレを生じてしまう。不用意な発言などで世の中からバッシングを受ける事態になりかねない。

そうならないためにも、私は積極的に能力ある女性の登用に意を注ぎたい。女性には目に見えない「ガラスの壁」があって、なかなか政治参加もしづらい。また、参加しようにも、そもそも議員になる方策が見えにくい。できるだけ、自民党議員の三割は女性にしていかなければ、本当の国民の声を吸収することは難しいだろう。本当の意味での国民政党にはなれないだろう。

自然の成り行き、流れに任せるのではなく、いかに自民党が時代の潮流を先取りしながら、国民の声を反映できるかにかかっている。そのためには、党組織の改革を不断に行っていかねば、取り残されてしまうだろう。

支持率が下がり、飽きられていく。あるいは、旧態依然の昔の感覚に安住した議員たちだけの集まりの政党に成り下がってしまう可能性がある。我々は、危機感をもって党改革を常にしていく必要がある。

党改革は、たとえば、選挙に負けて、党を立て直す必要に迫られてのことであってはならない。党綱領（こうりょう）であるとか、党組織のあり方について、平時から常に考え、備えていかなくてはならない。

自民党にとって必要なのは、不断の改革であろう。常に謙虚（けんきょ）に国民の声に耳を傾けて、綱紀粛正（こうきしゅくせい）を徹底して図っていく姿勢なのである。

第7章 憲法改正の必要性

国民的運動の機運

私は、二〇二〇年九月まで、自民党の憲法改正推進本部長を務めていた。年間百回近く全国で講演を行っていたが、それらは自民党の組織を対象とした講演会である。したがって、聞きに来られる方は、憲法改正は当然のことだと考えている。

憲法改正は、自由民主党の「党是(とうぜ)」でもあるからだ。

ただ、残念ながら、憲法改正は国民的な運動として広がるまでには至っていない。世論調査では、国会の憲法審査会で憲法議論をすべきだとの意見が七〇パーセントを超えている。しかし、国民投票でどのような結果が出るかは分からないので、いま国民投票を行うことはリスクが伴う。ＥＵ離脱の是非(ぜひ)を問うイギリスの国民投票も、憲法改正の是非を問うイタリアの国民投票も、予想を覆(くつがえ)す結果となった。

いまの日本で、国民投票で過半数を獲得するのは大変なことである。自民党の中でどれほど議論をしても、国民のなかに憲法改正賛成派は広がらない。どのようにして国民の多くに憲法改正の必要性を知ってもらうか、そのための国民的運動が重要である。

残念ながら、日本は戦後七十五年間、一度も憲法改正をしてこなかった。これに対して、インドが百三回、ドイツが六十二回、アメリカが六回、フランスが二十七回、韓国が九回、憲法を改正している。一党独裁の中国共産党でさえ、時代の変化に合わせて憲法を十回改正している。

もちろん、諸外国での憲法改正の頻度が高いのには理由がある。それは憲法改正がしやすいからである。それに比べて、日本国憲法は「不磨の大典」と言われてきた。それは、「硬性憲法」だからである。硬性の反対語は軟性で、軟性憲法とは法律改正と同じように改正できる憲法のことである。だから硬性憲法は、改正するのが難しい憲法という意味となる。

なぜ、改正が難しいかというと、二つの壁があるからだ。日本で憲法改正するには、まずは改正の原案を衆参両院の憲法審査会で審議し採択をする。その際は過半数に達すればよいことになる。問題はその次である。国会が憲法改正を発議するには衆議院、参議院、それぞれの議員の三分の二以上の賛成が必要だという規定が、その原因の一つである。

そして本会議で賛成票が三分の二を超えたとしよう。すると第二の壁が立ちはだかる。

それが国民投票である。そして憲法九六条にある通り、この国民投票では国民の過半数の賛成票を獲得しなければならない。

つまり、この要件が、あまりに厳しく、憲法改正の大きな障害になっている。

護憲を唱えた、かつての社会党は、選挙において、国会における議席の過半数を取るだけの候補者を立てず、政権奪取への意欲は全く示さなかったが、それは、まさに「改憲に必要な三分の二以上の賛成を阻止できれば、それで十分」という理由からだった。

しかし、国際情勢の変化、地球環境問題の深刻化、グローバル社会における我が国の位置づけの変化などに鑑みて、戦後七十五年間、一度も憲法を改正することなく、解釈の変更だけで対応していて良いのだろうか。

戦争放棄の平和主義は日本だけではない

我が国の憲法の基本原則は、国民主権、基本的人権の尊重、平和主義である。このうち、戦争放棄規定のある平和主義は、日本が世界に誇るべきものであり、日本国憲法を世界遺産にすべきだと主張する人もいるが、それは誤りである。実際には日本国憲法の平和主義はそれほど特異なものではなく、成文憲法を持っている世界百八十九カ国の中で、約八割が日本国憲法の第九条一項と同様の平和主義的条文を持っている。

日本国憲法第九条一項は、GHQ（連合国軍最高司令官総司令部）による草案をもとに作られたものであるが、戦争放棄の規定は、そもそもパリ不戦条約（一九二九年）を下敷(したじ)きにしている。だから、平和主義は決して日本オリジナルのものではない。そして、この精神は、一九三一年のスペイン憲法、一九三五年のフィリピン憲法などに受け継がれた。

国連憲章第二条四項でも、以下のように規定している。

《すべての加盟国は（中略）武力による威嚇(いかく)又は武力の行使を、いかなる国の領土保全又は政治的独立に対するものも、また、国際連合の目的と両立しない他のいかなる方法によるものも慎(つつし)まなければならない》

戦争放棄は世界共有のものなのである。

フランス、ブラジル、韓国、カンボジアなども同様の規定を設けている。

だから、「日本には、戦争放棄の素晴らしい理想憲法があるから、世界中がこれを手本にすれば、世の中は平和になる」といった主張は誤りで、どうにも独善的な感じがしてならない。

歴史に見る日本人の憲法意識

ここで、日本人の憲法意識について、考えてみたい。

東京大学大学院教授の境家史郎氏は「世論調査から読み解く日本人の〝移り気〟な憲法観」(『中央公論』二〇一八年五月号)で、以下のように指摘している。

「平均的な日本人は憲法を維持することに対しても、修正することに対しても積極的な意見を持っていない。言い換えれば、日本人は憲法に対するこだわり自体を持ってこなかった。そのため、憲法改正派はこれまで積極的な世論の同意形成に成功しなかった。残念ながら、現在もなお、そうした状態が続いている」

「少し前までは、憲法問題は票にならない争点であった。現在はそうではないと考えているが、憲法問題だけではなかなか選挙が戦えないことも事実だ。自民党の政治家たちが高度経済成長時代に脱イデオロギー化することが票になると判断し、利益誘導競争へ邁進したのはこうした文脈から理解すべきだ」

つまり、憲法議論が国民的議論まで広がらなかったことが、憲法改正されてこなかった最大の要因だと境家教授は分析している。

さらに、境家教授は自衛隊に関して次のように指摘している。

「国民は自衛隊の活動やそれにかかわる法律が違憲か合憲かという議論をするのではなく、政府の憲法解釈を事後的に追認し続けてきた。その結果、解釈改憲が一般化したといえる」

「時代とともに国民意識が変化し、現憲法下における自衛隊の活動可能範囲は確実に拡大してきたといえる。戦後、日本人は政府による安保政策の転換を、その都度追認してきた。そして、安保政策の現状を肯定するようになると、憲法にこだわりのない有権者達は、これを現憲法下で許容された政策と解釈するようになる。これは立憲主義に基づいた発想ではなく、政府が実施している安保政策に基づいて憲法を読むという発想にすら見える。こうした有権者の考え方にお墨付きを与えることになったという意味で、自民党政権の安定には寄与するものであった」

「しかし、他方で、憲法条文と現実政策との不整合についての認識が社会で高まらなかったことは、自民党の党是たる憲法九条改正を遠のかせる結果にもつながった」

確かにそういう部分はあると私自身も思う。最後に境家教授は、「日本人は決して日本国憲法を不磨の大典と見てきたわけではないが、同時に多くの人はその修正を熱望するほど憲法を嫌ってきたわけでもない」と総括（そうかつ）している。

緊急事態条項のない日本国憲法

一方、比較憲法学の西修（にしおさむ）先生は、戦後七十五年、憲法を改正できなかった原因を三つ挙げている。

第一に、憲法改正の発議には衆参両院で総議員の三分の二以上の賛成が必要だが、現実にそのハードルを越える状況ではなかったことだ。

安倍政権になって戦後初めて衆参で与党が三分の二をクリアしたが、残念ながら、二〇一九年七月の参議院選挙で三分の二を割ってしまった。ただし、野党の中にも改憲論者はいるので、戦後七十五年たって、ようやく今、憲法改正を発議できる要件が整っていることも事実である。

第二に、日本国民は弾力志向という特性を有しているので、たとえば憲法九条などは解釈改憲によって運用されてきた。これは、境家教授の指摘とも通ずる部分である。

第三に、「憲法を改正しなければ、政治が絶対に運用できない」というような事態が生じなかったからだ。しかし、今回のコロナ対応では、憲法改正の必要性を感じさせる事態が発生している。

たとえば、中国・武漢から希望者をチャーター機で日本に帰国させた際、検査をすること自体に厚労省には抵抗感があった。つまり、我が国の法律では、強制的に検査することはできず、人権問題になりかねないという懸念があった。

武漢からの帰国者は千葉県勝浦市の「ホテル三日月」に宿泊してもらい、検査をして陰性の人は帰宅していただいた。ただ、一度陰性の結果が出ても、その後陽性になった人もいたので、もっと厳しい対処をすべきだったと思う。しかし、本人がどうしても家に帰りたい場合には、当時の法律では留め置くことはできない。基本的人権の尊重は、憲法の三大基本原則の一つであり、これは尊重しなければならないからだ。

憲法に緊急事態条項がないことも影響している。そのため、我が国では緊急事態宣言を出しても、外出自粛などはあくまでも「お願い」であり、他国のように強制的に取り締まることはできない。

これとは対照的に、フランスなどでは外出禁止令を出し、違反する市民を強制的に取り締まることができる。それは憲法に緊急事態条項があり、関連法律があるからこそ、そこまでの対応ができるという訳だ。

日本の憲法には緊急事態対応がない。

そこで、自民党は緊急事態対応を憲法に盛り込むことを目指しており、憲法改正案の四項目の一つにもそれが入っている。

西修先生によると、一九九一年にソ連邦が崩壊して以降、東ヨーロッパや南アフリカに新興国が生まれ、わずか三十年のうちに、百四カ国が憲法を創った。そのすべての国の憲法に緊急事態対応が入っており、戦争、内乱・テロ、大災害などが起きた時の対応が規定されている。

以前、自民党の中で、憲法に緊急事態対応を入れるべきだという議論が起こった時、左派政党やマスコミから厳しいバッシングを受けた。「自民党は、日本を戦争するような国にしていくのか」という批判だ。そのため、自民党が目指す憲法改正項目の緊急事態対応は大災害時に限定することにした。

しかし、こうしたときだからこそ、新型コロナウイルスにおける人権問題も同様に多くの人びとの人権を守るためには、多数の感染者が拡大すると分かった時に、どのように対処するかという事を含めた議論が必要だと考える。衆議院・参議院の憲法審査会は、新型コロナウイルス対策に連動して、憲法議論の中で緊急事態対応をどうするかを議論すべきではないか。

想定外を考慮しなかった日本国憲法

日本の危機管理に関する法律は、これまで実際に危機が起きてからでないと成立できなかった。常に後手に回っていたのである。そのため、新型コロナウイルスが国内で感染拡大し始めた際にも困ってしまった。

想定外の事態が起こる可能性があるにもかかわらず、「今の法律の中で、全部できる」と言っているのは無責任の誹り(そし)りを免れない。感染症の広がりへの対処は一刻を争う。

世界各国の憲法には、想定外のことが起こるかもしれないため、「国家緊急事態条項」や「非常事態条項」を入れていることは、先にも書いたとおりである。目的はただ一つ、国民の安全を守るためだ。

戦後の日本には「災害対策基本法」がなかった。この法律ができたのは、一九五九年、伊勢湾台風によって各地が大きな被害を受け、死者・行方不明者が五千人以上に上ったためである。これがきっかけになり、ようやく災害対策基本法ができた。

その後、一九六四年の新潟地震、六五年の松代群発地震、六八年の十勝沖地震と立て続けに大地震が起きた。これを受けて、「地震予知連絡会」が設置された。

テロ対策については、一九七〇年の「よど号」ハイジャック事件、七五年のクアラルンプール米大使館事件、七七年のダッカ日航機ハイジャック事件など、過激派テロリストによる事件が起きて、政府は「犯人の要求に係る措置」を閣議決定した。「ハイジャック等非人道的暴力防止対策本部（常設）の設置」「ハイジャック等に対する対処方針」「ハイジャック等非人道的暴力事件処理対策」などを決めている。

一九七八年の伊豆大島近海地震で多数の死者・行方不明者が出たことで「大規模地震対策特別措置法」ができている。

一九九五年の阪神・淡路大震災では、救助のために来た自衛隊の車両でさえ、許可がなければ道路を通行できなかった。そこで、「災害対策基本法の一部改正」によって、自衛隊、警察、消防などの車両の緊急走行が可能になった。「原子力災害対策特別措置法」も、九九年に茨城県東海村でウラン加工施設事故が起こったことからできたものだ。

「何か起こった時に整備すればよい」と考えていても、できるわけがない。阪神・淡路大震災の時、なぜ神戸市の被害が大きかったのか。当時の神戸市長は、共産党からも推薦を受けていた関係で、市内で自衛隊を含めた防災訓練をしなかった。そんな状況で被災（ひさい）したため、自衛隊の活動は困難を極めた。自衛隊は、普段から訓練しておいて、街の形状や特徴を把握、理解して、初めて円滑な救助活動ができるものなのである。

有事の時に救えたはずの人を救えず、「想定外だった」といっても許されない。政治リーダーは、想定外の時こそ、どう対処するかが求められる。

我が国も、想定外のことが起きるからこそ、日本国憲法に「国家緊急事態条項」が必要なのである。

台湾の場合

新型コロナウイルスの感染拡大を防ぐために、台湾の蔡英文（さいえいぶん）総統は「中国からの入境禁止」「クルーズ船の寄港禁止」などの厳格な対応を進めた。その結果、世論調査で支持率が急上昇した。

台湾のテレビCMでは、医師自ら、マスクの着用や、手洗いの励行、罹患したと認められた場合の対応などを繰り返し訴えた。大型のイベントは、おおむね予定通り行われているが、それは感染ルートが把握されており、感染者の隔離対応が徹底されていたからだった。また、マスクの流通は政府の管制下に置かれ、週に一度、身分証の下一桁の数字が偶数か奇数かで決められた曜日に、本人がマスク二枚を受け取れるようにした。

なぜ、台湾はこうした緊急事態への対応が迅速なのか？

一九九九年に台湾で大地震（九二一大地震）が発生した。このとき、当時の李登輝総統は、非常に手際よく対応した。李総統にそれが可能だった最大の理由は、台湾・中華民国法に記された「非常事態対処規定」にある。

中華民国憲法は、第四十三条で、以下のように記している。

「国家に天災、疫病が発生し、または国家財政経済上重大な変動があり急速な処分を必要とする場合は、総統は、立法院休会期間中にあっては、行政院会議の決議を経て緊急命令法により、緊急命令を発布し、必要な処置をとることができる。ただし命令発布後一カ月内に立法院に提出して追認を求めなければならない。立法院が同意しないときは、その緊急命令は、直ちに効力を失う」

それと比べて、日本国憲法の最大の問題は、有事を想定して書かれていないことである。すでに述べた通り、日本国憲法には、平時のことは書かれてあるが、いざ他国から攻撃を受けるなど、有事の際にどうすればいいのか、その点については何も書かれていない。戦争をどう抑止するか。そのための軍隊の規定もない。また、首相が不在の時に誰が代わりをするのか、その規定もない。非常事態になった時に、誰が、何を、どうするのか、憲法を読んでもまったく分からない。現在の日本国憲法には、非常事態における包括的な原則が記されていない。

非常事態とは、戦争・内乱・大規模暴動だけでなく、大恐慌などの経済的混乱、自然災害、さらには伝染病蔓延（まんえん）などの事態も含む。非常事態の規定がないのは、国民生活の混乱に対して何もできないことを意味する。

一八九〇（明治二十三）年に施行された大日本帝国憲法にも、こうした場合を想定して非常事態に関する規定があった。

いうまでもなく国家の独立、国民の生命と財産を守ることは、極めて重要な政治の責務である。

国家と憲法のあるべき姿

前出の西修先生は、ＧＨＱがウォーギルト・インフォメーション・プログラム（戦争についての罪悪感を日本人に植え付ける計画）に基づいて行った政策が、日本人が戦後体制から脱却できない根本的な理由の一つではないかと指摘している。

西先生は『憲法改正の論点』（文春新書）の中で、「我々はウォーギルト・インフォメーション・プログラムの呪縛から自らを解き放ち、教育の再生・歴史観の回復などを通じて主体性を確立し、新たなアイデンティティに基づいたあるべき国の形を再構築していかなければならない」と主張している。

そうした視点で考えると、今回の新型コロナウイルス問題を、我が国の現在の状況のどこが問題であり、我が国のあるべき姿とは何かを考える契機とすべきではないかと思う。

一方、西部邁氏はかつて、「世界広しといえども、自国の憲法を他国に作成してもらい、そのまま一度も改正しない国は、少なくとも文明国と呼ばれている国の中では日本だけだ」と述べていた。つまり、日本人の憲法への取り組みは主体性を欠いているのだと。

また、右派が日本国憲法をＧＨＱの押し付けであると批判することについて、「日本人自身が日本国憲法を押しいただいているという感覚そのものが問題ではないか。自主憲法を主張するなら、アメリカの押し付けを批判することからではなくて、日本人の自主性のなさを批判することから始めるべきである」と論じていた。

憲法改正が進まないのは、「護憲派と改憲派の対立など、日本人同士が争うくらいであれば、現在のままで大きな問題はないのだから、それでいいのではないか」と考える人が最も多いからではないだろうか。西部氏が述べたように、我々は改めて日本人論そのものを議論していく必要があると思う。

憲法改正を阻むもの

戦後の総理大臣の中で、実際に憲法改正について明確に発言したのは、中曽根康弘氏と安倍晋三氏だけである。ただし、中曽根氏のときには憲法議論は進まなかった。中曽根氏は、憲法議論が進まなかった理由を二つ挙げている。

一つは、「国家は悪の装置だ。国家主義は非道徳、犯罪的である」というマルキシズムの考え方を信奉する日教組などの改憲反対勢力の抵抗である。当時はそうした傾向が非常に強く、現在もなおその傾向は残っている。

また、中曽根氏は自民党政権自体の問題によって憲法改正論議が進まなかったとも指摘している。一つは戦後の吉田茂首相が経済成長を優先させ、国防はアメリカに肩代わりさせようとしたことだ。そしてもう一つは、池田勇人首相や佐藤栄作首相が憲法改正はしないと明言し、高度経済成長という別の目標を掲げたことにある。その結果、国民の関心の対象から、憲法が抜け落ちてしまったと中曽根氏は指摘している。

他方で、香山健一氏（元学習院大学教授）は、憲法改正がタブー視されるようになった原因を三つ挙げていた。一つ目は敗戦の後遺症。二つ目は保守対革新の不毛で硬直したイデオロギー対立図式、三つ目は未来創造へのビジョンと意欲の欠如である。

香山氏は、あまり自覚されていないかもしれないが、敗戦の後遺症は未だに残っていると指摘していた。敗戦の後遺症から脱却するために、日本人が覚醒することがいま求められているのではないか。新型コロナウイルスは、そのきっかけになるかもしれない。

保守対革新の不毛で硬直したイデオロギー的図式は、ほぼなくなりつつあると思う。そして、未来創造へのビジョンと意欲は、未だに欠如している。これを打開することが現在のわたくしたちに求められていることではないか。

令和の時代を迎えて二年が過ぎた。法律や予算の議論は行われているものの、今後、我が国が目指すべき国家の形が議論されることなく、場当たり的な対応が続いている。

そもそも日本は国家としての存在基盤が非常に脆弱であり、地盤が緩んだ土地に家を建てるような状況が続いている。こうしたなか、憲法議論をすることが、国民一人一人が主体的に、この国をどのような国にしていきたいのか、どのような国になってほしいのかを考えるきっかけになるのではないか。

つまり、現在の日本で求められていることは、改憲か護憲かという二分論的なイデオロギー対立ではなくて、日本をどのような国にしていくのかという前向きな憲法議論である。対立構造を作り、政党間で政争の具として憲法を取り上げるのではなく、憲法についての議論を、日本が目指すべき国のあり方を、国民を巻き込んだ形で議論をするきっかけとすることが必要だと思う。

正しい理解からの議論を

私は、自民党支持者ではない人たちに対しても話をする機会を持つように努めており、ほとんど政治に関心のない方や無党派層の方々とも対話をしている。

その際、非常に驚いたことがある。子育て中のママ友グループに呼びかけ、三十代、四十代のお母さん十数人に集まってもらった時のことだ。

彼女たちは無党派層だったが、そのほぼ全員が、「憲法議論するということは、日本が戦争に向かうのではないか」「我が子が徴兵で引っ張られるのではないか」という心配をしていたのである。これを知って、私は誤った情報の「刷り込み」があるのだろうと感じた。

というのは、彼女たちは学校の教科書や憲法に関する本などで憲法についての知識を得ているのではなく、ユーチューブに代表されるネットの情報から誤った知識を得ていたからだ。

たとえば、お笑い芸人の中田敦彦氏が憲法改正について批判的にコメントしている動画は非常に人気があり、アクセス数は約九十万回に達している。そこで、中田氏は憲法改正が戦争や徴兵制をもたらすという印象を与えるような発言や、緊急事態が起きた場合には、権力者が何でもできるという印象を与える発言をしている。

しかし、それは全くの誤解である。ヒトラーは緊急事態条項ではなく全権委任法によって、憲法に拘束(こうそく)されない無制限の立法権を授与(じゅよ)されたのであり、緊急事態条項とは何の関係もない。

こうしたタレントから発信されるネット情報によって、無党派の若いお母さんたちが間違った知識を刷り込まれていることもあるだろう。そうした事態を憂慮(ゆうりょ)せざるを得ない。

まずは日本国憲法を読んでから

二〇一九年十月四日、第二百回臨時国会が開会した。

当時の安倍晋三首相は所信表明演説で、ついに「憲法改正」に言及し、議員たちに議論を呼びかけた。

繰り返すが、自由民主党は、「日本国憲法の改正」を党是に掲げる政党である。結党以来、一貫して憲法改正を訴えてきた。そして、元号が「令和」となった今、日本国憲法を改正すべきだと考え、本格的に動き始めていたのである。

しかし、憲法とはいったい何なのか。なぜ、憲法改正が必要なのか。きちんと理解している国民は意外に少ない。誤解・曲解している無党派層のエピソードは、先に書いた通りだ。

「憲法を改正すると、日本はまた戦争をする国になる」と訴えている野党、憲法学者、マスコミ関係者もいるほどで、なんとなく憲法改正は危険なことだと勘違いしている人もいる。

そんな人に私は声を大にして申し上げたい。「日本国のため、日本人のため、領土・領海を守るため、そして、何よりこれから生まれてくる子孫のために、憲法は改正しなければならない」と。

最近、ある講演会で、私は「日本国憲法を全文読んだことのある人はいるでしょうか」と質問を投げかけたことがある。すると、まったく読んだことのない人、あるいは部分的にしか読んだことのない人が、大半を占めていた。つまり、知っているようで、実は知らない、それが憲法なのである。中には憲法を読まずして、改正に賛成だ、反対だと意見を表明している人もいるから、困ってしまうのだ。

一九六〇年、日本と米国は、日米安保条約を改定したが、前年から日本国内では激しい反対運動が繰り広げられた。だが、参加者の多くは日米安保条約の中身を知らずに反対の声を上げていたことが明らかになっている。結果は、日米安保条約が日本の平和と安全に寄与している。

国会で平和安全法制が議論されていた二〇一五年夏にも、国会議事堂周辺や首相官邸前では、連日にわたって反対デモが行われていた。だが、彼らの大半は、平和安全法制の中身を理解していなかったと思う。

左派新聞や、テレビのワイドショーが流した「米国の戦争に巻き込まれる」「また徴兵制度になる」といった類（たぐい）のデマに騙（だま）されただけなのだ。もし、彼らが平和安全法制をきちんと理解していたら、「メディアの情報はウソだ」と見抜けたはずである。

憲法改正の議論が国会で本格的に始まる暁（あかつき）には、今度こそ、もう六〇年安保や平和安全法制のときと同じことを繰り返してはならない。しっかりとした情報を共有して、憲法を考えることが大切である。

安倍総裁と憲法改正

二〇一七年五月三日の憲法記念日、自民党の安倍総裁（当時）のビデオ・メッセージが、第十九回公開憲法フォーラムの会場で流された。

「自民党は、未来に、国民に責任を持つ政党として、憲法審査会における具体的な議論をリードして、その歴史的使命を果たして参りたい。たとえば憲法九条です。今日、災害救助を含め、命がけで二十四時間、三百六十五日、領土、領海、領空、日本人の命を守り抜く。その任務を果たしている自衛隊の姿に対して、国民の信頼は九割を超えている。しかし、憲法学者や政党の中には、自衛隊を違憲とする議論が、今なお存在している」

「『自衛隊は、違憲かもしれませんが、何かあれば命を張って守ってくれ』というのは、あまりにも無責任ではないか。私たちの世代のうちに、自衛隊の存在を憲法上にしっかりと位置づけ、『自衛隊が違憲かもしれない』などの議論が生まれる余地をなくすべきだ。九条の平和主義の理念については、未来に向けてしっかりと堅持（けんじ）していく。九条一項、二項を残しつつ、自衛隊を明文で書き込む。（略）何としても二〇二〇年には新しい憲法が施行される年にしたい」

安倍元総理は、「自衛隊の憲法における位置づけ」へのこだわりの強い稀有な政治家である。二〇一九年一月二十八日の国会における施政方針演説においても、同じ趣旨の言葉が発せられた。

「残念なことに、今でも『自衛隊は憲法違反』と主張する憲法学者や政党が存在しています。その影響から、自衛隊員の募集活動に地方自治体から十分な協力が得られていない現状もあるのです。自衛隊が憲法に明記されると、自衛隊の権限及び任務の範囲は変わらなくても、自衛隊を取り巻く環境は確実に良好になるでしょう」とも述べた。

国を守る自衛隊の「二重扱い」の整理

憲法九条は、自衛権を認めたうえで、戦争放棄と戦力不保持を規定している。

政府の九条の解釈は、

「わが国が独立国である以上、憲法九条は、主権国家としての、わが国固有の自衛権を否定するものではない」だ。

戦争の放棄について、九条第一項では《国際紛争を解決する手段としては、永久にこれを放棄》しており、第二項では《陸海空軍その他の戦力は、これを保持しない》と戦力の不所持を宣言している。

だから自衛隊が存在していても、日本には戦力である軍隊は存在しないことになっている。

では、自衛隊は何なのか。

「独立国家の固有の自衛権を否定する趣旨のものではなく、自衛のために必要最小限度の武力を行使することは認められている」ことから、自衛隊は「武力の行使ができる組織」として存在しているというわけである。

要するに政府は、自衛隊について、「日本は独立国であり、独立国は自分の国を守る権利（自衛権）がある。だから日本を守るための必要最小限度の実力組織は持ってもいい。それが自衛隊なのだ」というのである。

憲法九条では、戦力は持てないとなっている。

しかし、困るのは、自衛隊がＰＫＯ（国際連合平和維持活動）などで国外に行ったときだ。

他国からは軍隊として扱われるが、他国の軍隊と同じように武器の使用権限があるかといえば、自衛隊にはない。自衛隊は軍隊ではないからだ。国外で武力行使すると、憲法違反になる恐れがある。

憲法に自衛隊が軍として明記されていないことから、こんなおかしなことになる。国会で「日本に軍隊はあるのか」と聞かれても、政府は「ない」と答えるしかない。

一九六七年三月、当時の佐藤栄作首相は国会で、「自衛隊を、今後とも軍隊と呼称することはいたしません。はっきり申しておきます」と述べている。

そういわざるを得ない、それが戦後のいまの日本だ。この状況はその後もずっと続いており、二〇〇一年十月には、当時の小泉純一郎首相も、国会で以下のように述べている。

「自衛隊は、憲法上、必要最小限度を超える実力を保持し得ない等の厳しい制約を課せられております。通常の観念で考えられます軍隊ではありませんが、国際法上は軍隊として取り扱われておりまして、自衛官は軍隊の構成員に該当いたします」

自衛隊は、国際法上軍隊として扱われている一方、日本国内では軍隊ではないといわれている。つまり二重の扱いをされている。

だからこそ、この点をきちんと整理するのが、「憲法改正の最大の課題」なのである。

自民党の憲法改正「四項目」

二〇一九年七月の参院選において、憲法改正は以下のように、自民党の政権公約の一つとなった。

《「現行憲法の自主的改正」は結党以来の党是であり、国民主権、基本的人権の尊重、平和主義の三つの基本原理はしっかり堅持し、初めての憲法改正への取り組みをさらに強化します》

《我が党は、改正の条文イメージとして、①自衛隊の明記　②緊急事態対応　③合区解消　④教育充実の四項目を提示しています》

《憲法改正に関する国民の幅広い理解を得るため、党内外での議論をさらに活発に行います。衆参の憲法審査会において、国民のための憲法論議を丁寧に深めつつ、憲法改正原案の国会提案・発議を行い、国民投票を実施し、早期の憲法改正を目指します》

③の合区解消には、若干の説明を要するだろう。人口の減少と東京一極集中が進むなか、(1)人口の少ない県に配分される定数が削減されること、(2)合区となった「島根・鳥取」「高知・徳島」では各県から一人ずつ参議院議員が選べないこと、(3)地方の声が政治に反映され難くなること、などの問題が指摘されている。憲法を改正し、これらの問題を解消する必要がある。

④の教育の充実も、憲法改正における重要なテーマである。誰もが家庭の経済事情に左右されることなく、質の高い教育を受けられる社会が求められている。現在、日本では結婚した三組に一組が離婚し、一人親家庭の二世帯に一世帯が貧困という状況にある。経済格差は、教育格差につながり、それが結果的にその後の人生にも影響するので、今後ますます教育格差問題を考えていかねばならない時代となる。

国民が憲法をつくるときが来た

一九四六年に日本国憲法が制定されて以来、国内外の情勢は大きく変化した。

科学技術の進歩や少子高齢化の進行、経済のグローバリゼーション、新型コロナウイルスの世界的流行（パンデミック）など、新たな課題の波が押し寄せてきている。

その結果、現行憲法は現実にそぐわない部分が多くなってきている。これまでは、憲法を自在に拡大解釈しながら、何とかその寿命を延ばしてきたが、解釈の限界を超える事態が増え、矛盾する条文もある。

日本国憲法は、戦後日本を占領したＧＨＱが短期間で作ったものであり、いわば「アメリカ製」である。つまり、日本人が自ら定めたものではない。そんな憲法をいつまでも有難がっていていいはずがない。

元号が「令和」となったいま、日本史上初めて国民自らの手で憲法を選び取るときが来た。

憲法は、「権力を縛るためのもの」とよくいわれているが、それだけではない。「国民が楽しく、幸せに、安全に生きるためのツール（道具）」だと考えるべきである。

人が成長するとともに、体のサイズに合わせて上着を替えていく。国家には憲法という上着があり、国家の身体が大きくなったら、大きな上着に着替えなくてはならない。上着に合わせて身体を調整することはできないからだ。

憲法と国家の関係も同じだ。世界各国は、時代の変化に合わせて何度も憲法を改正している。しかし、日本だけがゼロである。このように憲法改正しないことを誇っても何の意味もない。

日本国憲法には、第九十六条に「第九章　改正」として憲法改正規定がある。憲法を守るためには、時代の変化に合わせて憲法改正を行わなくてはならない。憲法改正反対を叫ぶ人たちは、「憲法を守らない、憲法違反の人」ということにもなる。

ドイツの哲学者、フリードリッヒ・ニーチェは「脱皮できない蛇は死ぬ」という文章を遺している。日本の政治、経済、社会、憲法に求められているものが「脱皮」なのである。世界は、激動している。だからこそ、安倍さんは、「憲法改正こそ、わが使命」と訴えたのだ。

安倍元総理の退陣さえなければ、新型コロナウイルス禍が落ち着く頃には、憲法改正への軌道に乗っていたはずである。だが、その志は、我々の精神にしっかりと根付き、受け継がれている。

われわれ国民は、日本国憲法の問題点を知り、次の時代にあるべき日本国憲法の姿について考え、議論する必要があり、その結果が憲法改正なのである。

それが、われわれ日本の国民のいまと将来の幸せにつながることである。

第8章

安倍晋三前内閣総理大臣と大いに語る

「安倍晋三、出るべし」

安倍　下村さんには第一次安倍政権の時に官房副長官として政権を支えて頂き、第二次安倍政権では文部科学大臣など一貫して安倍政権の中枢でご尽力頂きました。いわば盟友ともいえる存在です。

第一次安倍政権の退陣から約四年後の二〇一二年九月に、私は再び自民党総裁の座に就くのですが、総裁選挙に出るかどうか迷っていた私の背中を早い時期から押して下さった一人が下村さんでした。あの時、我々が所属している清和会からは会長を務められていた町村信孝さんが総裁選への出馬に意欲を示しておられました。当時、下村さんは清和会の政策委員長をなさっておられましたね。

いわば町村さんに対しても責任を負う立場だったわけで、相当にご苦労なさったと思うのですが、そうした中でも「安倍晋三、出るべし」と力強い後押しをして頂いた。私も出るべきかどうか悩みに悩んでおりましたので、下村さんの後押しは大変な力になりました。

下村　総裁選挙で当選された直後に開かれた私の会合に、安倍さんが来て下さった。こう仰ったんです。

「下村さんから背中を押されて出ることになりましたが、崖のてっぺんに上げられて、そのまま突き落とされるかもしれないと思いました」

安倍さんは笑っておられたけど、私はこれは本心だと思いましたね。伸るか反るか、生きるか死ぬかの大変な状況でしたから。いま安倍前総理からお話があったように、あの時は清和会から町村会長が意欲を示され、その他にも、林芳正さんも出馬の意向を固めておられました。そして、何よりも世間では石破茂さんと石原伸晃さん、この二人の一騎打ち「石・石の戦い」だと言われていたんですね。自民党もそのような空気が覆っていました。

ただ私自身は、実は自民党の総裁選挙が行われる一年以上前から、すなわち二〇一一年から「やっぱり次は安倍さんしかいない！」という強い思いを持っていたんです。これは現総理の菅義偉さんも全く同じ思いをお持ちでした。同時期に安倍さんの周りにいる同志の中には、「安倍晋三しかいない」というふうに思っていた議員が結構いたのです。

ただし総裁選挙直前には、町村会長が出馬するということもありましたから、「それでも安倍さんしかいない」と主張する人は、十数人と少なかった。

安倍　限られた人しかいませんでしたね。

下村　当時はどうしても第一次政権の時に「途中で投げ出した」というイメージがあり、党内にも「安倍さんがいずれもう一度、総理になる資質と能力を持っていることは間違いないが、今はまだ早いのではないか」という意見や、それこそ空気が色濃くありました。

再び闘争心に火がついた瞬間

安倍　あの時、支持者の多くからも「今回は自重すべきだ」「今度敗れたらそれこそ政治生命は完全に絶たれる。だから今は出るべきではない」と私のことを心配して善意で「やめたほうが」と忠告して下さった方々が多くおられました。そうした意見があることはもっともだと思いましたので、私としても悩みに悩みました。

実際、情勢は厳しくマスコミの報道でも「政権を投げ出した安倍晋三」との批判一色でしたし、ワイドショーの街角アンケートでも順位は常に下位と、当選の見込みは全くといっていいほどない状況でした。もちろん、番組の作り自体が非常に偏向したものだったのですが、私自身、テレビに出演しても充分なアピールができていない苦しい情勢でした。

テレビ出演を終えたその日、同志の皆さんとの反省会が行われたのですが、その席で「やはり厳しい……」という話を私自身もして、場が沈滞した雰囲気に包まれていたんですね。するると応援に入ってくださっていた中川秀直さんがスッと立ち上がってこう檄を飛ばして下さった。

「沈滞した雰囲気ですが、ここに集まっている皆さんは最初から安倍さんが勝つから集まったのですか？　そうではないでしょう。勝たせることが日本のためになる、国民のためになる、間違いなく正しいんだと思って皆さん集まったのではないのですか？　違いますか？　今はこういう状況ですが、それでもこれだけの議員がいるではありませんか。これが我々の姿ではありませんか」

あの一言で場の雰囲気が一変しましたね。「よしやるぞ！」と私も含め改めて皆さんの闘争心に火がついた気がします。

下村　その場にいた議員は皆さん「勝ち馬に乗る」的な発想で集まった人たちではなかったですね。

安倍　そのような人たちは私の陣には誰もいませんでした。逆にだからこそ結束も固かった。選挙期間中も我々は町村さんを応援している議員に対して、その票を取りに行くことは決してせず、「決戦投票になった際には是非お願いします」というふうに支援を求めていきました。通常、同じ派閥から候補者が重複すると骨肉の争いとなってしまうのですが、それは避けようと決めていました。

下村　今だから言えますが、「石石の戦い」でどちらかが勝ち、うまくいっても三番手で終わる可能性が高かったわけですが、仮に敗れたとしても私には「日本が安倍晋三を求めている」という思いがあったのです。ご本人はそう思っていなかったと思いますが、例えば維新の会といった野党側からも「安倍晋三再登板待望論」がありましたから。極端な話ですが、私自身は自民党を割ってでも安倍政権を作る、いずれ必ずできる、とまで思っていました。もちろん自民党総裁としての安倍政権がベストですが、総裁選で敗れても、その後、安倍総理再登板は必ずや実現する。そうした覚悟を持って臨んでいました。

安倍　ありがとうございます。

下村　ところが総裁選が進むにつれてかなりの手ごたえを感じていきました。全国各地を遊説して回るのですが、石破さんの参謀は小池百合子さん（現東京都知事）で、私は安倍さんの側近として各地に付いて回っていた。当初、安倍総裁候補の演説は劣勢だったのですが、回を重ねるごとに、いわば天からのエネルギーがどんどん安倍さんに降り注ぐかのように、「安倍晋三しかいない！」という流れが大きな渦となって勢いづいていった。そうした感じがひしひしと伝わってきたんですね。実は小池さんも同じ感じを口にしていたそうです。

第一次政権をあのようなかたちで辞めざるを得ず、いわば地獄を見てきた中で、「自分こそが今の日本を立て直す。必ずやるんだ！」という演説中に発する一言一言が言霊（ことだま）のように回を重ねるごとに熱を帯びていき波動として周囲にも伝わっていった。それが結果的に勝利につながったのではないかと思います。

教育再生に対する並々ならぬ情熱

――実際の総裁選では党員票のトップは石破さんで、国会議員票のトップは石原さん。どちらも安倍さんは二位でトータルでも二位。石破さんとの決戦投票の末、安倍さんが百八票、石破さんが八十九票となり勝利しました。

安倍　大変な選挙を下村さんをはじめ同志の方々のお陰で勝つことができました。一度、総裁を辞任した者が再び総裁に選出されるのは自民党史上初のことでした。ただ、総裁になった時点では未だ野党でしたからそこからが本当の勝負だという意識でおりました。

「なんとしても民主党政権を倒し一日も早く政権を奪還しなければならない」「日本を取り戻す」全自民党議員がその思いの下、三か月後の同年十二月十六日に行われた第四十六回衆議院議員総選挙を戦いました。そして、わが党は勝利し、政権与党に復帰する。

十二月二十六日に総理大臣に選出され、第二次安倍内閣が発足するわけですが、一度総理の座を退いた者が再び総理の座に就くのは占領時代の吉田茂以来、二人目のことでした。いわばそう簡単に起こらないことがなぜ起きたのかと言うと、やはり三年以上にわたる民主党政権下の悪夢のような時代に対して、国民の多くが「日本はこのまま世界の中で没落していくのではないか」といった将来に大変な不安を抱かれていたことが大きかったのだと思いますね。

民主党政権下の日本は今と比べて倒産件数は約三割も多く、有効求人倍率は一倍を切っていました。正社員の有効求人倍率は〇・五。すなわち正社員になりたい人が二人いて、そのうち一人しか正社員になれないという時代だったのです。さらには新卒の皆さんがどんなに頑張ってもなかなか就職ができなかった。「連鎖倒産」という言葉が日本を覆う中にあって、まずは経済の立て直しこそ急務であり、国民の多くが望んでいることだと私は判断しました。そこで、第二次安倍政権発足と同時にアベノミクスと称される新たなマクロ経済政策を打ちだし実行していったのです。

その結果、雇用においては史上初めて北海道から沖縄まで四十七全ての都道府県で一倍を超えました。あの高度経済成長期にも成し得なかったことを実現させた。その他にも経済の立て直しには大きな成果をあげることができ、総理大臣として一定の責務を果たせたと思っています。

経済だけではありません。例えば教育の分野でも下村さんには文科大臣として陣頭指揮をとって頂きました。

下村　安倍さん自身が教育再生に対して一貫して強い思いをお持ちで、例えばご著書『美しい国へ』には教育改革について一章分を割いて詳述されていますね。「日本を取り戻す」ためには経済的な再生に加え、やはり精神的な部分の再生も欠かせない。

安倍　思えば第一次の安倍政権の時には教育再生を一丁目一番地に掲げ、教育基本法の改正や教員免許制度等の法改正も行いました。あの時、下村さんにも官房副長官として尽力して頂きましたね。下村さんこそ教育再生に並々ならぬ情熱をもっておられた。

教育行政の画期的な転換

下村　第二次安倍政権では文科大臣兼教育再生担当大臣という重責を担わせて頂きました。実は、内閣制度創設以来、初代文部大臣の森有礼から数えて百四十代目で、その歴史の中で初めて教育再生担当大臣を兼務する大臣でしたから、身の引き締まる思いでした。教育再生担当大臣は第二次安倍政権となって新設されたポストです。

安倍総理は総理官邸に教育再生実行会議を新たに作り、文科省だけでなく政府をあげて教育行政の再生に取り組んでいく姿勢を明確に示されました。教育再生実行会議は総理が出席される会議で民間の専門家にも入っていただき「いじめの問題等への対応について」という第一提言から私が文科大臣の間に第八次提言までして頂きました。

それまで教育行政については、主に文部科学大臣の諮問機関である中央教育審議会で決めていたのですが、中教審では旧来の枠から超えた政策や改革がなかなか実行できない。そこで、事前に教育再生実行会議で旧来の枠にとらわれない大胆な提案をして、それを中教審で議論して頂くという画期的な転換をした。官邸で議論し提言されたものであれば中教審も無視はできません。
　例えば道徳を特別の教科としたのも教育再生実行会議での議論がもとになっています。それまで道徳は教科ではありませんでした。「知・徳・体」の「徳」つまりは心の教育ですね。例えば、偉人伝などを読み、一人一人の子どもたちがどう感じたかを話し合う。正解は決して一つではなく、子どもたち一人一人が感じたままに議論をし、一人一人が人生をどう生きるかを考える。先生が一方的に「正解はこうだ」と教えるのではなく、子どもたちが主体となって学ぶ、アクティブラーニングを導入するなど、大きな改革を実行し成果をあげました。あるいは、「子どもの貧困対策推進法」および「いじめ防止対策推進法」を成立させたことも教育再生への大きな前進でした。
安倍　下村さんは九歳の時にお父様を亡くされ交通遺児として大変ご苦労なさった。奨学金があったからこそ大学に進学できた経験をお持ちで、奨学金の制度改正にも努められましたね。
下村　当時は金利が高く「学生ローン」のような状況でしたので、無利子、給付型の奨学金を大幅に増やしました。
安倍　消費税を一〇%に上げる際の幼児教育の無償化と真に必要な子どもたちの高等教育

の無償化の実現にも努めて頂きました。これによって家計負担をかなり軽減できたと思っています。

下村さんには二年九カ月という非常に長い間、文部科学大臣として奮闘して頂きました。

下村　はい。ありがたいことに就任期間は文科大臣として戦後最長でした。それでもまだやるべき課題は残されておりますので今後もしっかりと汗をかいて参りたいと思っております。

挫折を経験したからこそ今がある

――「最長」といえば安倍総理の総理連続在職日数が、佐藤栄作元総理（連続日数二千七百九十八日）を超え、憲政史上最長を記録しました。なぜここまでの長期政権を築けたのでしょうか。

安倍　私自身は長くやるということは一切考えませんでした。国家、国民のために何をすべきかを日々考え抜いた結果だと思っています。もちろん、安倍政権七年八カ月の間、すべてが順風満帆ではありませんでした。支持率低下に見舞われたりと苦しい局面も多々ありました。

特に平和安全法制、特定秘密保護法、テロ等準備罪の成立に対しては大きな逆風にさらされました。それでも与党が一丸となって結束し、同じ目標に向かって進むことができた。その根底には「国家、国民のために絶対に必要な法案なんだ」という結束した決意があったわけです。

よく「国民にとって苦い薬となるような支持率が下がる政策でも、国民に飲ませるような長期政権でなければならない」という批判を受けたのですが、そのような政策は何度も行っているのです。そういう批判をする人たちは「この人何を言っているのかな」と疑問に思ったものです。たとえ支持率が下がろうとも、理念で一致しているので歯を食いしばって前に進むことができた。

下村　長期政権を築けた要因としては、やはり安倍さんの強いリーダーシップが大きいのではないでしょうか。理念型ですが決して独断専行ではない。自民党内だけでなく野党内からも「安倍さんを応援したい」という勝手連的な支持者がおりました。そうした人々から支持される吸引力、そのための人間的な魅力があるからこそではないでしょうか。率直に凄いなと尊敬しています。

――下村さんも政治家になった以上は総理の座を目指されていると思いますが、安倍総理の側近として何を最も学ばれましたか。

下村　何よりも「自分が国のために何を為すべきか、何を為せるか」といった歴史的な使命感と志を人一倍持っておられた。つまりどんな艱難辛苦があろうとも、自分が政治家として国家、国民のために何を為すかという使命感ですね。これを心の底に強く持っておられる。このことは私だけでなく自民党の多くの議員が学ぶ必要があると思います。

安倍　やはり第一次政権の時の大きな挫折が大きかったですね。下村さんもそうなのですが、あの挫折を共に経験した人たちが政権を奪還した後、皆さん政権の支え手になって下さった。あの時の悔しい思いを胸に、挫折を糧として、政権運営に当たりました。その際、重要となるのは政権を安定させることなんですね。政権が安定しなければ政策を実現させることはできません。そのためにも選挙で勝ち続けることが求められます。

――七年八カ月の間に六度の国政選挙と三度の自民党総裁選挙がありました。計九度の選挙に全て勝利してきた。これは凄いことですよ。

安倍　一度でも敗れたらその時点で終わりですから。大変厳しいものがあります。これは日本政治の特徴でもある。しかしそうした厳しい状況の中でも総選挙で勝利し続けることができたのは、与党が一丸となって結束できたからだと思います。

一方で「モリカケ」問題のようなことが起きると、党内では「それは総理の問題でしょう。我々は関係ないから」と様相が変わります。そうした時の政権運営は特に緊張します。ただし、「ないこと」の証明はできません。ところが、「ないこと」を問題にされてしまう場合があるので、これはこれで大変苦労しました。

自民党の強みと弱点

――支持率の低下が政権運営に与える影響は。

安倍　支持率が落ちるとどうなるかと言いますと、党内が不安定化するんです。与党議員も「この政権で大丈夫か」と不安になりますから。すぐ「総理を代えよう」という動きになる。つまり、野党に倒されるのではなく同じ与党に倒されてしまう。

ある時、イギリスのメイ首相と雑談をしていて、私が「大統領と首相の大きな違いはなんだと思いますか？」と言ったら、メイ首相が「何ですか？」と聞いてきたので、「大統領は反大統領派、反体制派に倒されるが、首相は同じ党によって倒される」と言ったら、「その通り！」と笑っておられました。

ただし、先ほども申し上げたように政策的な理念で一致していれば多少の支持率低下は乗り越えることができるわけです。

安倍　そうですね。

――乗り越えた後に支持率もまた回復する傾向がありますね。

下村　一方で今の自民党の状況を見ますと私は実は強い危機感をいだいているんです。それは安倍政権が選挙に非常に強かったことで、その下に胡坐をかいてきてしまった面がないかということです。特に私が危機感を持っているのは、衆議院三期以下の人たちは皆さん安倍政権の追い風で当選してきており、逆風の選挙を戦い抜いてきたことがない。これは自民党の弱点になりかねません。

安倍　皆さん高い能力を持っているのですから頑張っていただきたい。気を引き締めていかないとなりません。

下村　私が驚いたのは、三期生以下の議員は後援会を持っていない人が結構いることです。つまり後援会がなくてもその時の「風」頼みで当選できた。これまではそれでよかったかもしれませんが、一人一人にとっての厳しい選挙がいつ何時くるかわからない。まさに常在戦場の中にあって、厳しい選挙を経験してこなかったことが自民党の弱点になってしまっているのではないか。

一方で自民党には多種多様な人材が集まっている。他党とは違い自民党は国民政党であり、イデオロギー政党ではありませんから、多くの人たちの声を聞き政策に反映できる。これは自民党の強みです。

安倍　後援会があるというのは、その人個人の魅力があるからこそ「この人を応援しよう」となるわけで、そこには多くの人たちが集まる。自民党が国民政党と言われる所以でもあると思います。よく「自民党は大企業の味方だ」という言い方をされるのですが、例えば、経済をより強靭なものにしていく中において、世界で大企業により競争力を発揮させるような政策をとることはあります。

しかし我々が地元でお付き合いしている人たちの多くは中小企業、小規模事業者の方々なのです。地元に帰りそうした人たちから生の声を聞く。農林水産業の問題であれば農協から話を聞くだけでなく必ず農業に従事されている現場の方々からも伺います。漁業、林業でもそうです。あるいは商店街に足を運び一人一人からお話を伺う。いわば市井（しせい）の人たちと直接つながり、その声を吸収し、党の部会において地に足のついた議論をしているのです。「自民党は議論をぜんぜんしない」などと批判する人がいるのですが、大間違いです。

下村　部会での議論は白熱しますよ。

安倍　たまに自民党の議員の中にも「党内で自由な議論ができない」などと言っている人がいるのですが、「自由な議論ができない」と言っている時点で、できているじゃありませんか（笑）。本当に自由な議論ができないのであればそんなことは言えないはずですから。「自由にできない」などと散々言っておいて、完全な自己矛盾に陥っているとしか思えません。

旧民主党から自民党に来られた人たちが驚くのは部会における自民党の自由闊達な議論です。特に地元から戻ってきた月曜日や火曜日の部会は荒れることが多い。地元の声を吸収し徹底的に議論をして政策を練り上げていく。それが自民党の強さだろうと思います。この足腰を弱くしてはなりません。

それともう一つ。議論を重ねた結果、最後に「これで行こう！」となった時は、動ぜず一致団結してその目標や政策の実現に向かって進んでいける。これも自民党の強さでしょう。先ほど申し上げた平和安全法制などしかりです。かつての日米安保条約改定の時も、「これは国家、国民のためになる」と一致すればあらゆる批判に耐えながら歯を食いしばって進んでいった。この団結力は自民党ならではです。だからこそ国民の信頼も得られたのだろうと思います。

時代の変化に対応した政治を

下村　国民の信頼という点では、これからは時代の変化にもしっかりと対応していくことが重要ではないかと思います。例えば、ジェンダーフリーの問題などでも国会議員の女性数で見ますと百五十三カ国中、日本は百四十一番目です。

私が選対委員長の時、次の選挙で女性比率を三割にするクオータ制を提案しました。それは単なる世論迎合ではなく、これから自民党が引き続き国民政党として政権を担える党であるためには、多様な意見を反映できる政党でなければならない。そのためにも女性候補をもっと自民党でも増やしていくことが大切だからです。

これまでの政治は一言で言ってしまえば「おじさん政治」が主流でしたが、これからの時代、「おじさん政治」だけでは自民党は本当に国民の声を反映することにはならないと考えています。国民の声をしっかり聞いて政治に反映させるためにも、時代の変化に応じてどう自己改革できるか。自民党や政治家一人一人に突き付けられている重要な課題の一つだと思います。

アフターコロナの国家ビジョン

――アフターコロナの国家ビジョンについて。

安倍　コロナ禍は克服しなければなりません。日本なら必ず克服できると信じています。コロナ禍の中、私も総理大臣として悪戦苦闘しました。その中において多くの教訓も得られた。その教訓をしっかりと活かしていくことが政治に求められていると考えています。何よりもパンデミックに対して強い国家体質をしっかりと構築していく。医療提供体制の強靭化しかりです。

同時に、安倍政権で推進してきた働き方改革がコロナ禍でさらに急速に進んだことも事実です。逆にこの機を活かしていきワークライフバランスについてもう一度見直すべきだと考えています。人生百年時代において、国民一人一人がより豊かな生活、よりよい人生を送れるようにしていくことが、政治家の重要な役割だと思っています。

下村　私は、アフターコロナは逆に日本にとって大きなチャンスではないかという前向きな捉え方をしています。例えば、コロナ前は毎朝満員電車で通勤していたけどリモートで出社しなくともできる業務が増えたことで、月や週に一度の出勤でよくなった企業も増えていると聞きます。

するとより自然環境のよい地方や郊外に住む選択肢も広がる。自然が多く子どもたちの情操も育まれるような生活を送れる。高度経済成長時のように「二十四時間戦えますか」といった発想ではなく、一人一人が改めて自分や家族の幸せのための人生をどう送ればいいかを考え直すチャンスとなる。コロナを契機としてより良い方向に進めるのではないかと思います。

いまは経済成長の指標としてＧＤＰ（国内総生産）が用いられていますが、ＧＤＰだけではなく、ＧＤＷ（gross domestic well-being）、国民総充実度、ウェルビーイング、幸福を新たな物差し、いわば国家目標にして、国民一人一人が幸福を実感できる社会をつくり上げていきたいと強く思っています。

そのために働き方改革はどうあるべきなのか、福祉は、教育はどうあるべきなのか、を考えていく。実際、世界では、国連でもＯＥＣＤ（経済協力開発機構）でもこのウェルビーイングという指標がつくられており、ニュージーランドでは二〇一九年から、具体的に「幸福予算」と名づけ、ウェルビーイング重視の予算編成を行っています。

アフターコロナは国民の視点で幸福を高める政策をどう実現するかが重要になってくる。日本においても、本格的にウェルビーイング重視の政策形成にかじを切るべきだと思っています。

先ほども少し触れましたが、いまやデジタル化やリモートによって地方にいても支障なく過ごせる。逆に地方のほうが豊かな生活ができる社会になりつつあります。地方が活性化していくことによって、国民の豊かさにもつながる。

そうした考えから、文科大臣の時に日本遺産を提案し、いま百四か所が登録されています。各地のお寺や神社や商店街など、地域の長い歴史の中で育まれてきた文化や伝統に改めて光を当てることで、「地元にこんな魅力があったのか」と気が付き、それを活かすことで、地方の誇りとなり地方活性化につながる。

日本全国津々浦々には魅力ある文化や伝統が沢山ある。いわば宝の山が眠っています。アフターコロナでも光の当て方によって、コロナ以前とは全く違った日本の底力や魅力に光が当たり、希望ある日本の将来を構築できるのではないか。その一つとしてウェルビーイングという新たな概念を提案したいと考えています。日本は必ずやウェルビーイング世界第一位の国にできると信じています。

（聞き手：田村重信　政治評論家）

あとがき

ＧＤＰの成長という従来の政治目的化された価値観は、これからのコロナ時代にはもはや通用しない概念となる公算が大きい。ＧＤＰ復活には何年かかるか分からないし、そもそも、ＧＤＰだけで人は幸せに生きていけるのだろうか。そう考えた時に、ＧＤＷと「啓育」という視点からの経済政策、つまり、能力を啓くことによって、自ら付加価値を生み出すような人材を育成し、労働生産性を高めていくことが必要になる。

そのためには、人材投資を拡大していかなければならない。例えば、英国は二〇一八年から人材育成税を新たに導入した。企業が従来以上に人材育成に投資することを義務付け、投資した企業に対しては、投資額の一・五倍を国が企業に支援する。

逆に、企業が人材育成をしなければ、人材育成税を取る。英国では、企業内で人材育成ができなければ、企業外の学校や研修センターなどに人材育成を要請できる。

こうした人材育成への投資拡大の動きは、各国で見られる。最も遅れているのが日本で、日本企業が世界で最も人材育成にお金をかけていない。人材投資を拡大しなければ、労働生産性を高める働き方改革を進めることは難しい。

また今後は新たな経済概念を構築することも必要になってくるだろう。それは、ポスト資本主義の在り方を模索することでもある。例えば、GDPを上げることとは真逆の「シェアする時代」へどう対応するかが問われている。購入せず、シェアするということは、GDPを上げることにはつながらない。

今後は、経済指標だけでは測れないGDW＝幸福感（Well-being）を導入し、一人一人が幸せに生きるための仕事、働き方とは何なのかという視点から経済を考えていく必要があるのではないか。

そして、地方経済の活性化を進めることも忘れてはならない。日本遺産による自発的な経済活性化の促進もその一つだ。

日本遺産は、私が文科大臣の時に設けた制度であり、これまで点として存在した歴史的な遺産を各地域でまとめ、我が国の文化・伝統を語る物語性を作ることによって、その地域全体の付加価値を高めることが狙いである。地域全体の付加価値を高めることによって、地域を活性化させられる。それと同時に自治体独自の経済活動を支援していくことも必要だ。

つまり、自発的な活動を支援し、すべての人が自ら考え、自ら付加価値を生み出していくことができるような社会に変えていけば、日本は少子高齢化で衰退する極東の小さな国という状況を挽回（ばんかい）できるのではなかろうか。

日本の幸福度は、世界各国と比較して、あまり高くない。国連が調査した「世界幸福度ランキング」（二〇一九年）で、日本は世界百五十六カ国中、五十八位である。前回の五十四位からさらに順位を下げている。

日本が幸福度を高めるためには、「啓育」というGDW的視点に立った対策が重要になる。「啓育」の土台は、自らが主体的に考え、行動して、社会の中で自立することだ。そして、社会の中で自分に何ができるのか、何をするのかを見つけていくことが重要だ。その答えを見つけるためには、「志」を持つことが大切である。

よく「夢を持て」と言うが、「夢」は個人の自己実現にとどまる。これに対して、「志」は、個人の自己実現が同時に社会全体の貢献にもつながっていく。

もともと、日本人はこうした「志」を大切にしてきた。戦後七十五年以上が経過した中で、それが薄れてきたのではないだろうか。

日本人は何か新しいことを始めるというよりは、本来日本人が持っている伝統文化的な意識を含め、失われつつある「志」といった日本本来のものを呼び覚ますべきであろう。

それによって、一人一人が生きがい、やりがい、幸福感を感じるような社会構造をどう創って行くかを考え、日本の未来を構築していくことにつなげることが重要なのではないだろうか。

本書を読んでくださった読者すべての皆様に、心からの感謝を申し上げます。

下村　博文

【著者略歴】

下村博文（しもむら　はくぶん）

昭和29年群馬県生まれ。早稲田大学教育学部卒業。平成元年東京都議会議員に初当選。自民党都連青年部長、都議会厚生文教委員会委員長などを歴任し2期7年を務め、平成8年第41回衆議院議員総選挙において東京11区より初当選。2021年3月時点で8期目。

9歳の時、父の突然の交通事故死により苦しい生活がはじまる。高校・大学を奨学金のおかげで卒業できた。その間、多くの人々に助けられ「皆に恩返しを」という気持ちが高まる。また大学時代に交通遺児育英会の活動、早稲田大学雄弁会の幹事長等を経験し、日本をリードしていく情熱あふれる人々との出会いにより、自分の進むべき道は政治家であると確信する。以来、その使命感が原動力となり、行き詰まった政治システムを再興し、「教育改革を通して日本の再構築」を実現することを目標とし、人の役に立つことが自分の人生の喜びであることを念頭に活動している。

自民党青年局長、法務大臣政務官、議院運営委員会理事議事進行係（第70代目）、第二次小泉内閣の文部科学大臣政務官、自民党国対副委員長、内閣官房副長官を歴任。自由民主党シャドウ・キャビネット文部科学大臣、自民党教育再生実行本部長を経て、文部科学大臣、教育再生担当大臣、2020年東京オリンピック・パラリンピック担当大臣、自由民主党総裁特別補佐兼特命担当副幹事長、自由民主党幹事長代行、自由民主党憲法改正推進本部長、自由民主党選挙対策委員長を務めた。現在は自由民主党政務調査会長として活躍中。

単著に『世界を照らす日本のこころ』（IBCパブリッシング）、『下村博文の教育立国論』（河出書房新社）、『9歳で突然父を亡くし新聞配達少年から文科大臣に』（海竜社）、『教育投資が日本を変える』（PHP研究所）『日本の未来を創る「啓育立国」』（アチーブメント出版）など。共著に『志の力』（アチーブメント出版）がある。

GDW 興国論　幸福度世界一の国へ

2021 年 4 月 26 日　第 1 刷発行

著者　下村博文

発行者　大山邦興
発行所　株式会社　飛鳥新社
〒 101-0003
東京都千代田区一ツ橋 2 － 4 － 3　光文恒産ビル
電話　03-3263-7770(営業)
03-3263-7773(編集)
http://www.asukashinsha.co.jp

装幀　芦澤泰偉
印刷・製本　中央精版印刷株式会社
編集協力　田村重信
構成　大畑峰幸

ISBN 978-4-86410-837-9

編集担当　沼尻裕兵／工藤博海